L.1781.
3.B

L'ALCORAN

DE

LOUIS XIV.

OU LE

TESTEMENT

POLITIQUE

DU

Cardinal Jules Mazarin.

Traduit de l'Italien.

ROMA,

In Casa di Anthonio Maurino
Stampatore.

M DC. XCV.

L'ALCORAN

DE

LOUIS XIV.

OU LE

Testament Politique du Cardinal Jules Mazarin.

DIALOGUE

Sur les affaires du tems, entre le Pape Innocent XI. & le Cardinal Jules Mazarin.

L'EMINENTISSIME CARDINAL ODES-CALCHY, Natif de Come dans le Milanois, fut élû Pape en l'année 1676. après la mort de Clement X. sous le ti-

tre

tre d'Innocent XI. Il a vécu ennemi irreconciliable de la France jusques au 12. d'Août, qui a été le dernier jour de sa vie, aprés 13. années de Pontificat. Alexandre VIII. ci-devant Cardinal Ottoboni, d'une Illustre Maison de Venise, lui succeda le 6. d'Octobre 1689.

TRES-EMINENT SEIGNEUR MESSIRE JULES MAZARINI Cardinal de la Sainte Eglise Romaine, Duc de Mayenne, ci-devant Chef de tous les Conseils de trés-haut, trés-excellent, & trés-puissant Prince LOUIS XIV. par la grace de Dieu Roi Trés-Chrétien, de France & de Navarre, mourut au Bois de Vincennes entre deux & trois heures aprés midi le 7. de Mars de l'année 1661.

INNO-

(5)

INNOCENT XI.

Rencontrant le Cardinal Mazarin sur les bords du fleuve Stix, lui parle ainsi.

Mazarini, Mazarini, est-ce vous que je vois dans ces sombres lieux ? Ne me trompe-je point, non, c'est lui-même ; le voici qui vient à moi.

MAZARIN.

Chi sei vostra signoria ; Qui étes vous ?

INNOCENT XI.

Il santissimo Padre Odescalchy, Innocentio XI.

MAZARIN.

O ! il patrone, Santissimo Padre Innocentio XI. O ! maraviglia ; ô merveilles ; *ma è egli vero ;* mais est-il bien vrai ?

INNOCENT XI.

Si Signore, per certo.

MAZARIN.

Ha ! Santissimo & benevolo Padre Odescalchy, ben venuto,

A 3   soyés

foyés donc le bien venu, dans ces Contrées noires. Il y a prés de 30. ans que je vous attends, avec l'impatience du plus malheureux de tous les damnez.

INNOCENT. XI.

Per Dio. Il s'est bien passé des choses à Rome depuis vôtre depart du Bois de Vincennes: Car Clement X. que vous avez connu, & qui étoit de vos bons amis, ayant laissé par sa mort la Chaire Apostolique vacante, je fus élû pour lui succeder, sous le nom d'Innocent XI. Mais ce ne fut pas sans de grandes difficultez, par les Cabales des Cardinaux François, qui prevoyant bien que j'aurois jusques au tombeau le cœur Italien, firent rage contre moi; *ma ripentimento*, mais je les en ai bien fait repentir du depuis. Enfin j'ay

quit-

quitté Rome & laiſſé au pro-
chain Conclave le ſoin de m'é-
lire un ſucceſſeur : *Piaccia a
Dio*, que ce ſoit quelque homme de bien, & ſurtout ennemi de la France pour le bien
de l'Egliſe. Je n'en connois
point de tous nos Confreres de
plus propre, ni de plus capable qu'Ottoboni. Je l'ai in-
ſtruit de ce qu'il devoit faire
aprés ma mort, & même je
l'ay recommandé aux Cardinaux des factions Italienne &
Eſpagnolle; ainſi je ne doute
point qu'il ne ſoit élû; *piaccia
a Dio*, Dieu le veuille pour le
bien de la Chrêtienté, car c'eſt
uno * huomo dà bene.

MAZARIN.

Je vous prie, qu'a-t-on dit de
moi dans le monde, aprés mon
depart.

INNOCENT XI.

Ce que l'on a dit de vous?

A 4 que

* *Homme de bien.*

que la France, pour laquelle
vous vous étes tué, pour la rendre la plus puiſſante & la plus
redoutable de toutes les Monarchies, avoit enfin des grandes obligations à Meſſieurs
* Guénaut, Valot, Brayer &
de Fourgerais qui vous ont de-
pêché dans ces bas lieux par
leur Opium & leur vin Emeti-
que. Et comme vous étiez à la
gonie, & que la mort frapoit
à vôtre porté, les Pariſiens de
vos meilleurs amis diſoient hautement que le Diable étoit au
Bois de Vincennes où il ſe
mouroit. Si vous n'étez pas
content de cela, je vous apren-
drai encore, que l'on diſoit
par toute la France, qu'il y auroit eu plus de quatre jours,
che il Diavolo, auroit emporté
vôtre Eminence, mais qu'il ne
ſçavoit par où la prendre *per la
fetore*, tant elle püoit.   MA-

---

* Les quatres Medecins qui l'ont traité.

MAZARIN.

Olà franchezzi rinegatores &
maleditti! hô! ingrats que vous
étes ; que seriés-vous devenus
sans moi & sans les ruses Italien-
nes:Que n'ai-je pas fait pour rendre vôtre Monarchie florissan-
te, & la porter au haut deg.é
d'élevation auquel elle est par-
venuë. Aprés la mort de Loüis
XIII. de glorieuse memoire,
l'on m'apelle en France : Le
Cardinal de Richelieu me veut
avoir à toute force ; me charge malgré moi des affaires du
Royaume, d'un Ministere aussi
laborieux que l'étoit celui d'u-
ne Monarchie dechirée par
mille factions, & chancelante
par des guerres civiles d'autant plus difficiles à étouffer,
qu'elles étoient fomentées par
les premiers Princes du Sang &
les plus grands Seigneurs du
A 5   Royau-

Royaume. A-t-on jamais vû
de plus péfant fardeau à porter
que celui d'une Minorité auffi
difficile à gouverner , que l'a
été celle d'un jeune Prince
dont la conduite m'avoit été
donnée ; d'une Reine Mere
affligée & defolée par mille malheurs accablants , qui furent les
funeftes fuites d'une mort auffi
peu attendüe que le fut celle
de Loüis XIII. Aprés cela les
François ingrats ont ils fujet
de me charger d'outrages & de
maledictions.

INNOCENT XI.

Ma piano & fenza parole
Mazarino. Mais difons les
chofes fans emportement Mazarin ; avez vous oublié que
nous fommes fur les bords du
Stix, au milieu des vapeurs
püantes & humides de ce fleuve infernal , contraires aux
échauf-

échauffemens de bile. Que di-
rez-vous? fi je vous aprends les
Epitaphes que l'on fit aprés vôtre mort, pour immortalifer
vôtre memoire, & que l'on
grava fur vôtre tombeau en lettres dorées ; les voici.

Julius occubuit tandem ; res
   mira tot inter
Carnifices, furem vix potuiffe
   mori.

Autre.

Ci gift l'Eminence deuziéme,
Dieu nous garde de la troifiéme.

Enfin je n'aurois jamais fait,
fi je voulois raporter tout le
bien que l'on a dit de vous.

MAZARIN.

Senza dubio, il faut advoüer
che le Franchezzi, font une nation bien maudite & bien deteftable.

I N-

INNOCENT XI.

Si Signore Mazarino, & je ne
l'ay que trop éprouvé pendant
les seize années de mon Pontificat; car il se féroit un gros
volume des crüautez & des de-
plaisirs que la France ma fait,
mais je lui pardonne en bon
Chrêtien.

MAZARIN.

Santissimo Padre Odescalchy,
s'il falloit ajoûter foi à tous les
bruits desavantageux à nôtre
reputation qui se repandent
dans le monde, que n'a-t-on pas
dit de vôtre Sainteté touchant le
commerce qu'elle a entretenu
avec la Reine Cristine, pendant
le séjour qu'elle a fait à Rome.
J'ay apris moi-même de la bouche de quelques-uns de nos Italiens, qui en ont porté les premieres nouvelles dans ces tene-
breuses Contrées, que ce n'é-
toit

toit pas l'amour, ni le zelle que cette Princeſſe avoit pour la Religion Romaine qui lui échauffoit le cœur, & qui l'avoit portée à quitter la Couronne & à la remettre entre les mains de Charles Guſtave Prince Palatin, ſon couſin & ſon ſucceſſeur, mais plûtôt que les Suedois apprehendant que leurs femmes ne ſuiviſſent l'exemple impudique de cette Princeſſe, l'obligerent à deſcendre du Trône, ce qui la porta à aller paſſer le reſte de ſes jours à Rome, dans la veuë qu'elle avoit, que la luxure ne paſſant pas dans cette Ville pour un vice, mais ſeulement pour une galanterie, elle pouvoit ſans ſcandale ſatisfaire à ſes plaiſirs ; ce qui fit dire à Paſquin, *Regina Senza regno, Regina ſenza Vergogna, & Chriſtina ſenza fede.* IN-

INNOCENT XI.

O! la abominatione, O! la mali-
tia di Rinegatores. Ceux qui pro-
noncent de femblables blafphemes font des infignes calomnia-
teurs, dignes d'éprouver les
plus terribles foudres du Vatican. C'eft un fait reconnu de
toute la Terre, que cette pieu-
fe Reine fe demit volontaire-
ment de la Couronne en faveur
de Charles Guftave, & qu'elle
n'y fut portée que par un pur
zelle de pieté & de veneration,
qu'elle avoit conçû pour la Religion Romaine. La vie exem-
plaire qu'elle a menée pendant
tout le féjour qu'elle a fait à
Rome en fait foi, & j'en ai été
moi-même le témoin occulai-
re auffi-bien que tous les Cardinaux nos Confreres. J'ajoûte
à cela que depuis les premieres
années de ma jeuneffe, que j'ai
paffé

paſſé dans les charges de la
guerre, pour être élevé à la
pourpre, je n'ai plus reſſenti
aucune des foibleſſes humaines,
qui portent les hommes à des
commerces criminels: Outre
que je puis dire ſans vanité, que
la temperance n'a pas été uʃe
des moindres vertus, qui m'ont
fait devenir le ſucceſſeur de
Clement X.

MAZARIN.

Quoi qu'il en ſoit, on nous
la ainſi debité, & toute la Cour
Infernalle en eſt plaine. Outre
cela on nous a voulu faire ac-
croire que vous étiez devenu
bon Moliniſte, Quietiſte, &
Janſeniſte, & que ces nouvelles Sectes avoient ſi fort la vo-
gue dans Rome, qu'il y avoit
peu de nos Cardinaux qui
n'en fuſſent tâchez, ſuivant
l'exemple du Chef de l'Egliſe,
à quoi

à quoi j'ay d'autant plus aiſe-
ment ajoûté foi, que c'eſt Colbert qui me l'a apris. Il paſſa
la barque de Caron en 1683.
l'ayant rencontré ſur le rivage
du Stix, il m'aprit bien des
choſes ſurprenantes que j'avois
ignoré.

INNOCENT.

Queſto monſtro, ce deteſtable
Maltotier, l'horreur du genre
humain & le fleau de ſa nation, ne fairoit-il pas mieux
de ſe mêler des impôts dont il
a ruiné la France que des affaires de Rome ; il ſuffit qu'il ſoit
François pour être mon mortel ennemi. Michel Molinos
Prêtre Eſpagnol, natif d'Ara-
gon, s'étant d'abord acquis
dans Rome beaucoup de reputation, par quelques oüvrages
qu'il mit au jour, & qui étoient
comme les avancoureurs de ſa
doctri-

doctrine pernicieuſe, conte-
nant ſoixante huit propoſitions. Toute la Chrêtienté
ſçait les ſoins que je pris pour
arrêter les progrés de cette
hereſie naiſſante. Je la fis examiner dans la congregation generalle de l'Inquiſition, où je
fus preſent avec tous les Cardinaux, & par le Decret qui fut
rendu le 28. d'Août de l'année
1692. la doctrine de cet Impoſ-
teur fut condamnée, comme
heritique, ſcandaleuſe & blaſ-
phematoire. Je n'en demeurai
pas là, car ayant fait ſaiſir tous
ſes Ecrits & ſes livres, je les fis
bruler par la main du boureau :
Et je lui fis abjurer publique-
ment ſes erreurs ſur un échaf-
fau que je fis élever devant l'E-
gliſe des Dominicains. Enſuite dequoi cet infame heretique
fut condamné à une priſon perpetuelle, où je l'ay fait crou-

B   pir

pir depuis l'année 1687. jufques en 1692. qui fut la derniere de fa vie. Il eft vrai qu'il étoit tems d'étouffer cette hidre naiffante , parce que tout Rome & toute l'Efpagne étoient à la veille de devenir Quietiftes. Et je m'étonne qu'ayant paffé la barque il y a prés de trois années, il n'ait point encore paru fur les bords du Stix. Je fuis perfuadé que fi le pauvre Efpagnol avoit rencontré vôtre Eminence , il lui eut avoüé que j'avois été fon plus grand ennemi.

MAZARIN.

Si l'affaire eft ainfi, on nous a debité faux : Mais que dira vôtre Sainteté , pour fe juftifier du commerce qu'on veut qu'elle ait entretenu avec le Docteur Arnaud, & fes difciples: Toute la Cour Infernalle en eft fi convaincüe, que l'on ne

fait

fait point de difficulté de vous
appeller le Pere des Janseniftes.

INNOCENT XI.

Ces faux bruits qui ne partent que de la haine, & de l'ani-
mofité que la France a conçûë
contre moi, & qu'elle a affecté
de faire éclater pendant tout
le cours de mon Pontificat,
ne font pas mieux fondés, que
lorfqu'on m'a voulu faire paffer pour Molinifte & Fauteur
des hérétiques. Loüis XIV. a
même voulu que je fuffe à fon
égard plus méchant que Jules II. ou que Gregoire IV. qui
vouloit excommunier tous les
Evêques de France, s'ils ne
confentoient à ce qu'il fe rendit arbitre des demelés furve-
nus entre Loüis le Debonnai-
re & fes enfans. La France
veut & a publié par toute la
Chrêtienté qu'au lieu d'empêcher le progrés des nouvelles

opinions, j'ay entretenu, toút le tems que j'ai été affis fur la Chaire de S. Pierre, commerce avec tous ceux qui s'étoient declarés ouvertement Difciples de Janfenius, * dont mes Predeceffeurs ont condamné la Doctrine ; que je les ai-même comblé de mes graces, fait leur éloge, & que je me fuis declaré leur protecteur ; & que lors qu'il s'eft agi d'étouffer dans leur naiffance les erreurs Quiétes, l'on ma vû à cet égard dans une efpece d'affoupiffement & de letargie. Quoi qu'il en foit nos Docteurs Ultramontains font bien perfuadés du contraire, & quand au refte ce n'eft pas à un Prince temporel, ni au fils aîné de l'Eglife de venir fouiller dans le fein de fa mere les fecrets du cœur du Lieutenant de J. Chrift. Il n'en eft ref-

* Arrêt du Parlement rendu en 1689.

responfable qu'à Dieu feul qui
la revêtu d'une puiffance &
d'une autorité qui le mêt au
deffus de tous les Rois & Princes temporels.

MAZARIN.

Mio fantiffimo Padre Odefcal-
chy, Je vous prie aprenez moi
quelque nouvelle qui me ré-
joüiffe un peu & qui me tire
uno poco de la nigra melanconia,
& des peines infernalles qui
m'accablent, & qui me tour-
mentent cruellement depuis
l'efpace de 29. années que j'ay
quitté le bois de Vincennes.

INNOCENT XI.

Si ce qui fe paffe parmi les
Morrels eft capable d'alle-
ger vos fouffrances, je confens
de bon cœur à vous en faire le
recit ; mais comme je n'ay que
des chofes funeftes à vous dire,
fi vous n'étiez auffi bon Ma-
chiavelifte que vous l'avez été,

J'ap-

J'apprehenderois par là d'augmenter vos peines, bien loin de les adoucir ; mais comme les malheurs & les defordres de la vie humaine vous ont durci le cœur , & que d'ailleurs je ne vous raporterai que des évenemens dont vous avez été le principal ouvrier ; cette confideration me fait efperer que vous ne ferés pas fâché, qu'on vous aprenne que les Memoires que vous avez laiffé à la Cour de France avant vôtre depart , ont été executez de point en point.

MAZARIN.

Santiffimo Padre, je fuis dans une extreme impatience de vous entendre, & vous ne fauriés me faire un plus grand plaifir, que de m'aprendre l'état auquel vous avez laiffé la Monarchie que j'ay pris tant de foin d'élever, *& particolarmente*

mente figlio mio il Re che regna, qui a été mon éleve, & pour lequel j'ay confervé & confer- ve encore des fentimens tous particuliers d'amour & de ten- dreffe. Je fuis perfuadé que fi la France ingrate me hait, Loüis XIV. m'aime : Il m'en a donné des marques fi éclatan- tes dans les commencemens de fon regne, qu'il n'a pas fait difficulté de m'embraffer mille & mille fois, & de me dire de bouche avec toute la recon- noiffance imaginable, qu'aprés Dieu, il me devoit la Couron- ne; Il m'appelloit *mio Padre* & moi je l'appellois *mio figlio.* La Reine Marie Therefe fa Mere, d'heureufe memoire, en eft le fidelle témoin; *Quefto fa- puta Principeffa*, cette ver- tueufe Princeffe, me faifoit l'honneur de m'aimer, & de me confier tous les fecrets de

B 4 fon

fon cœur. Ainfi peu m'importe d'avoir encouru la haine des
fujets , pourvû que je fois affuré de l'amour du Prince.

INNOCENT XI.

Puifque vous le fouhaités. Je
vous dirai, que en quittant Rome j'ay laiffé toute l'Europe
en feu par une cruelle guerre
qui vient de s'y allumer , &
dont vous avez jetté les premieres femences par la conclufion de la paix des Pirennées.
Vous conclutes comme vous
favés cette paix en l'année
1659. & vôtre but fut de reconcilier les maifons d'Autriche &
de Bourbon en terminant par
là tous les differens qu'elles a-
voient enfemble, & qui avoient
donné lieu à plufieurs fanglantes guerres. Pour rendre cette Paix plus augufte & plus
inviolable, vous trouvâtes bon
d'allier ces deux maifons , d'où
s'en-

s'enfuivit le Mariage du Roi
Tres-Chrêtien Loüis XIV.
avec la Sereniſſime Infante Dame Marie Thereſe, fille aînée
du Roi Catholique. Ce Contract de Mariage fut ſuivi d'une renonciation à tous les
droits que la Reine pouvoit
avoir ſur les Etats du Roi ſon
Pere en cas de mort. Voûs ſçavez auſſi que le Traité de Paix
fut ſuivi d'un acte autentique
de Ratification de la part de S.
M. T. C. conçû en ces termes. *Que Sa Majeſté s'étant fait
lire de mot a autre ledit Traité,
elle avoit celui en tous & chacun
ſes points & Articles agréé,
approuvé & ratifié, par ces preſentes ſignées de ſa propre main,
promettant en bonne foi & parole
de Roi, de l'accomplir, faire,
garder, & entretenir inviolablement, ſans jamais aller, ni venir au contraire directement, ni*

indi-

indirectement, en quelque sorte & maniere que ce fut: Car tel étoit son bon plaisir. Voilà en abregé ce qui eſt aujourd'hui le fonde-ment des malheurs qui boule-verſent l'Europe, & dont on vous fait le principal Auteur.

MAZARIN.

Quale ingiuſtitia! Quelle in-juſtice! *ma in quale maniera,* mais en quelle maniere, & qu'ay je donc fait?

INNOCENT XI.

Ce que vôtre Eminence a fait? elle a attiré la haine & la malediction de toutes les au-tres nations ſur les Italiens, qui font conſiderez à preſent com-me les plus grands fourbes & les plus méchans hommes, qu'il y ait dans le reſte de l'Univers.

MAZARIN.

Mais comment cela? & ſur-quoi ſont fondés tant de cruels outrages.

IN-

INNOCENT XI.

Comment? 1. En ce que par vos reserves mentales vous avez porté le Prince dont vous étiés Regent & qui étoit sous vôtre tutelle à ne rien tenir de tout ce qu'il avoit promis ; 2. en ce qu'il n'y a pas un seul article dans le Traité que vous veniés de conclure, dans lequel vous n'ayez fait entrer une des pernicieuses maximes du detestable Machiavel, pour lequel vous avez inspiré à vôtre Monarque dés sa plus tendre jeunesse autant de veneration que les Turcs en ont pour l'Alcoran & pour leur grand Prophete Mahomet. Les ayant même dressées en forme de Catechisme, vous les lui aviez fait aprendre par cœur, & vous lui en faisiez faire la repetition de tems en tems, ainsi qui suit.

L'AL-

L'ALCORAN

DE

LOUIS XIV.

OU

Le Testament Politique du C.
Jules Mazarin, reduit en
forme de Catechisme.

DEmande.

MAZARIN.

Figliomio, en qui croyez vous?

LOUIS XIV.

Réponse.

En Nicolas Machiavel Secretaire
& Citoyen de Florence.

MAZARIN.

Qui étoit ce Nicolas Machiavel ?

LOUIS XIV.

Le Pere des Politiques, & celui
qui a apris aux Princes l'Art de bien
regner.

MA-

MAZARIN.

Buono, fort bien. Que doit premierement favoir faire un Prince ?

LOUIS XIV.

* Un Prince doit fur toutes chofes favoir affecter d'être eftimé devot bien qu'il ne le foit pas.

MAZARIN.

Que doit favoir un Prince en fait de Religion ?

LOUIS XIV.

† Le Prince doit favoir foûtenir ce qui eft faux dans la Religion pourvû que cela tourne à fon avantage.

MAZARIN.

Que devint le monde quand on abandonna la Religion Payenne ?

LOUIS XIV.

‡ Quand on delaiffa la Religion Payenne, le monde devint tout corrompu, & ne craignit plus ni Dieu, ni Diable.

MAZARIN.

Qu'a caufé la Religion Romaine ?

LOUIS XIV.

§ L'Eglife Romaine eft caufe de toutes les calamitez d'Italie.

MA-

* *Chap. 18. du Prince.*
† *Difcours li 1. Ch. 12. 13. 14.*
‡ *Difcours li. 1. Chap. 12.*
§ *Difcours liv. 1. Chap. 12.*

MAZARIN.

Comment Moyſe s'eſt-il fait obéir?

LOUIS XIV.

* Par les armes, & il n'auroit jamais pû faire obſerver ſes ordonnances autrement.

MAZARIN.

Par qu'elle voye Moyſe fit-il ſes conquêtes?

LOUIS XIV.

† Par l'uſurpation, car il uſurpa la Judée, comme les Goths uſurperent une partie de l'Empire Romain.

MAZARIN.

Que doit faire une Prince pour être toûjours en guerre?

LOUIS XIV.

‡ Pour faire qu'un Prince ait lieu de ne point faire de paix avec ſes Ennemis, il faut qu'il uſe à leur égard de quelque outrage ſanglant.

MAZARIN.

Qu'elle doit être la Politique d'un Prince à l'égard d'un Païs nouvellement conquis?

LOUIS

---

* Chap. 9. du Prince.
† Diſcours li. 2. Chap. 8.
‡ Diſcours li. 3. Chap. 32.

Louis XIV.

* Le Prince dans un Païs nouvellement conquis, doit abattre ceux
qui souffrent le plus dans la revolution qui a été faite, & exterminer le
sang & la race de ceux qui auparavant y dominoient.

Mazarin.

Que faut il faire, pour tirer vengeance d'un Païs?

Louis XIV.

† Pour se vanger d'un Païs, où d'u-
ne Ville sans coup ferir, il faut la
remplir de méchantes mœurs.

Mazarin.

Les Princes doivent-ils oublier les
offenses?

Louis XIV.

‡ *Nò Signore.*

Mazarin.

Quel est le modelle qu'il faut se
proposer à imitter.

Louis XIV.

§ Le Prince se doit proposer à
imitter Cæsar Borgia * fils du Pape
Alexandre VI.

M a-

* *Chap. 3. du Prince.*
† *Disco li. 1. Ch. 55. & 2. Ch. 19.*
‡ *Chap. 7. du Prince Discours. li. 3. Ch. 4.*
§ *Chap. 24. du Prince.*
* *Fils batard d'Alexandre VI.*

MAZARIN.

Que doit faire le Prince pour se faire obéir?

LOUIS XIV.

* Le Prince ne se doit point soucier de passer pour cruël, pourvû qu'il se fasse obéir.

MAZARIN.

Qu'importe plus à un Prince?

LOUIS XIV.

† Il vaut mieux à un Prince d'être craint qu'aimé.

MAZARIN.

Le Prince doit-il faire fonds sur l'amittie de ses peuples?

LOUIS XIV.

‡ *No signore.* Non car le Prince ne se doit point fier à l'amittie des hommes.

MAZARIN.

De qu'elle ruse se faut-il servir, lorsqu'il s'agit de se defaire de quelqu'un?

LOUIS XIV.

§ Le Prince qui veut faire mourir quelqu'un doit chercher quelque raison apparente, & n'en sera blâmé,

* Chap. 17. du Prince.
† Chap. 17. du Prince.
‡ Chap. 17. du Prince.
§ Chap. 17. du Prince.

mé, pourvû qu'il laiſſe les biens aux
enfans.

MAZARIN.

La Crüauté eſt-elle loüable à un
Prince ?

LOUIS XIV.

* *Si Signore*, car la cruauté qui
tend à bonne fin n'eſt point blama-
ble.

MAZARIN.

Comment faut-il qu'un Prince ſe
conduiſe en matiere de cruauté ?

LOUIS XIV.

† Il faut qu'un Prince exerce
cruauté tout à un coup & la clemence peu à peu.

MAZARIN.

Que doit imitter le Prince :

LOUIS XIV.

‡ Le Prince doit imitter le natu-
turel du Lion & du Renard, & ne
point pratiquer l'un ſans l'autre.

MAZARIN.

Qu'elle eſt la conduite que doit tenir un habille Tiran ?

LOUIS XIV.

§ Un habille Tiran, pour ſoûte-
nir

* *Diſcours. liv. 1. Chap.*
† *Chap. 17 du Prince.*
‡ *Chap. 18. 10. du Prince.*
§ *Diſcours liv. 2. Chap. 2. liv. 3. Chap. 30.*

nir fa tirannie doit entretenir la divifion parmi fes fujets, & faire mourir les amateurs du bien public.

M A Z A R I N.

Qu'eſt-ce qui fait plus eſtimer le
Prince, la vertu, ou le vice?

L O U I S XIV.

* Un Prince peut auſſi bien être
haï par fes vertus, que par fes vices.

M A Z A R I N.

Que doit encore pratiquer le
Prince ?

L O U I S X I V.

† Le Prince doit toûjours affecter
de fe faire quelque Ennemi, afin que
venant à l'oprimer, il en foit eſtimé
plus grand & plus redoutable.

M A Z A R I N.

Un Prince doit-il faire confcien-
ce de tromper & de manquer de foi ?

L O U I S X I V.

‡ Un Prince ne doit point faire
fcrupule de fe parjurer, de tromper ou
d'ufer de diſſimulation : parce que
celui qui veut tromper, trouve toûjours quelqu'un qui fe laiſſe tromper.

M A Z A R I N.

Qu'eſt-il encore neceſſaire, de
favoir,

* *Chap.* 19. *du Prince.*
† *Chap.* 20. *du Prince.*
‡ *Difcours. li.* 2. *Ch.* 13. & *Ch.* 18 *du Prince.*

favoir, pour bien pratiquer cette
maxime?

L o u i s XIV.

* Le Prince doit bien étudier l'efprit des hommes , pour les favoir
tromper.

M A Z A R I N.

Eft-il neceffaire à un Prince d'être
doux & humain?

L o u i s XIV.

† Non ; Car le Prince qui ufera
de douceur & d'humanité , avance-
ra fa ruine.

M A Z A R I M.

Le Prince doit-il obferver la foi?

L o u i s XIV.

‡ Le Prince qui eft prudent ne
doit point obferver la foi , quand
l'obfervation lui en eft defavantageu-
fe, & que les occafions, qui la lui
ont fait promettre font paffées.

M A Z A R I N.

Faut-il qu'un Prince foit fidelle ,
clement & liberal.

L o u i s XIV.

* *No fignore*, car la foi , la clemence, & la liberalité font des vertus

---

* *Difcours liv.* 1. *ch.* 42. *& 18. du Prince.*
† *Difcours liv.* 1. *ch.* 32.
‡ *Chap.* 18. *du Prince*, *Difcours l.* 3. *ch.* 42.
* *Chap.* 18. *du Prince.*

tus fort préjudiciables à un Prince;
mais il eſt bon, qu'il faſſe ſeulement
ſemblant de les avoir.

MAZARIN.

Que doit ſavoir encore le Prince
pour bien regner?

LOUIS XIV.

† Le Prince doit avoir l'eſprit
adroitement habitué à la crüauté, l'inhumanité & la perfidie, afin qu'il ſe
montre tel quand il eſt beſoin.

MAZARIN.

Que doit faire le Prince quand il
veut rompre la paix.

LOUIS XIV.

‡ Le Prince qui veut rompre la Paix
qu'il a promiſe & jurée à ſes voiſins,
doit fomenter la diviſion, & declarer la guerre à leurs Alliez.

MAZARIN.

Qu'eſt il encore neceſſaire au
Prince pour ſavoir s'accommoder au
tems?

LOUIS XIV.

§ Le Prince doit avoir le cœur diſ-
poſé à tourner ſelon les vents & les
changemens de la fortune, & ſe ſavoir

† Chap. 18. du Prince.
‡ Diſcours Pol. liv. 2. ch. 9.
§ Chap. 18. & 25. du Prince.

voit servir du vice au besoin.

MAZARIN.

L'avarice est-elle méprisable en un Prince?

LOUIS XIV.

* Bien loin delà, qu'elle est loüable ; & la reputation d'être chiche est un deshonneur, peu capable de lui nuire.

MAZARIN.

Faut-il que le Prince fasse profession d'être homme de bien?

LOUIS XIV.

† *Nò Signore.* Car le Prince qui voudroit faire profession d'homme de bien, ne pourroit être de longue durée dans ce monde, en la compagnie de tant d'autres qui ne valent rien.

MAZARIN.

Comment le Prince doit il se comporter pour bien pratiquer cette maxime?

LOUIS XIV.

‡ Celui qui a toûjours porté le caractere d'homme de bien , & qui veut devenir méchant, pour parvenir à ses desseins doit colorer son

chan-

---

* *Chap.* 8. & 16. *du Prince.*
† *Chap.* 15. *du Prince.*
‡ *Discours l.* 1. *c.* 42.

changement de quelque raifon appa-
rante.

MAZARIN.

Que doit pratiquer le Prince, pour
tenir fes fujets dans la foumiffion?

LOUIS XIV.

* Le Prince qui en tems de Paix
entretiendra la divifion parmi fes fujets, pourra par ce moyen en faire
ce qu'il voudra.

MAZARIN.

Les Guerres Civiles font-elles utiles?

LOUIS XIV.

† Les diffentions & les Guerres
Civiles font utiles, & ne font point
à blâmer.

MAZARIN.

Quel eft le moyen qui peut entretenir les fujets dans une parfaite
union?

LOUIS XIV.

* Le moyen d'entretenir des fujets en paix & en union, & de prevenir les revoltes & les guerres civiles,
eft de les tenir dans la pauvreté.

MA-

* Ch. 20. du Prince.
† Difcours liv. 1. c. 4.
* Difcours li . 1. c. 2. liv. 2. ch. 7. liv. 3. ch.
16. & 27.

MAZARIN.

Que doit faire le Prince pour s'af-
furer de ses sujets?

LOUIS XIV.

† Le Prince qui craint ses sujets
doit bâtir des Forteresses dans ses
Etats, pour les tenir dans l'obéissan-
ce.

MAZARIN.

A qui est-ce que le Prince doit
avoir plus de confiance?

LOUIS XIV.

* Le Prince doit confier aux E-
trangers l'administration de ses affaires, & se reserver ceux dont la fortune depend de ses bienfaits.

MAZARIN.

Que doit faire le Prince pour avoir
bonne Justice?

LOUIS XIV.

§ Pour administrer bonne Justice, le Prince doit établir grand nombre de Juges.

MAZARIN.

Que faut-il faire pour tenir la Noblesse de France dans la soumission.

LOUIS

---

† *Discours liv. 2 ch. 24 & 20. du Prince.*
¶ *Chap. 7. & 14. du Prince.*
* *Discours liv. 1. ch. 7.*

L o u i s XIV.

† La Noblesse de France ruine-
roit le Royaume, si les Parlemens
ne la punissoient, & ne la tenoient
en bride.

M a z a r i n.

Ne faut-il pas que le Prince se rende Maître de l'authorité des Cours
Souveraines & des Parlemens, s'il
veut être absolu dans son Royaume?

L o u i s XIV.

Si Signore.

M a z a r i n.

N'est il pas permis à un Prince
pour s'agrandir de s'allier avec les
Infideles à la ruine de tous les autres
Princes Chrêtiens?

L o u i s XIV.

Si Signore.

M a z a r i n.

*Figlio mio molto bene & con giudicio
ragiona;* mon fils c'est fort bien & sa-
gement répondu; *ricorda questo sempre?*

L o u i s XIV.

Si Signore.

I n n o c e n t XI.

Voila les detestables principes que
vous avez donné à ce jeune Prince,
& le

† *Discours liv.* 3. *ch.* 12.

& le modelle fur lequel vous avez
formé le fils aîné de l'Eglife ; & ce
n'eft pas une chofe étonnante fi aprés
cela il a attaqué le St. Siege, la de-
pouillé des droits, & des prerogatives dont il a joüi depuis tant d'années fous les regnes de fes Predeceffeurs de glorieufe memoire. On ne
dira pas aujourd'hui de Louis
XIV. ce que l'on a dit de Pepin &
de Charlemagne, que ces Princes
ont comblé nos Papes de bienfaits,
qu'ils les ont afranchis de l'efclavage des Empereurs de Conftantinople, des Exarques de Ravennes &
des Rois des Lombarts qui les per-
fecutoient cruellement, les dete-
noient dans des prifons, ou les en-
voyoient en exil, jufques là que
nous tenons aujourd'hui de leur liberalité le Patrimoine de St. Pierre.
N'auroit-il pas mieux valu, au lieu
d'un Machiavel, faire lire à vôtre
Eleve un Philippes de Commines,
qui merite le titre de Prince des Hif-
toriens & dont les inftructions font
fi importantes que tous les Rois & les
Princes les devroient aprendre par
cœur, fuivant le confeil que le fa-
vant Lipfe donne à fon Prince en

l'éloge qu'il a fait à cet autre Poly-
be : Car c'est à cet historien Grec
qu'il le Compare * *at Princeps noster*,
dit-il *hunc legito, & Enchiridium Co-
minœus illi esto ; Dignus Alexandris
omnibus hic Philippus.* Mais le St.
Siege ne s'est pas seulement ressen-
ti des maux dont cette mauvaise
éducation a été suivie : Toute l'Europe, tous les Princes , tous les
Etats souverains , & toutes les Republiques y ont eu part, comme nous
le fairons voir dans la suite.

Avant que de passer outre, nous
traçerons ici le modelle sur lequel
vous deviez former vôtre jeune Monarque, bien different de celui sur lequel vous l'avez formé , ainsi que
nous venons de le voir par la lecture de vôtre Testament Politique.

La premiere chose que vous deviez donc faire pour bien instruire
vôtre Prince, étoit de lui insinuer d'a-
bord de bonnes maximes, & de les
fortifier par des bons exemples :
Ainsi au lieu de lui faire lire un Machiavel , il falloit l'attacher à la lecture de l'Evangile comme dit † Erasme,

* *V. Notas ad lib. 1. Politic.*
† *In institutione Principis Christiani.*

me ; car celle-ci est la premiere & la principalle , où tout bon Chrétien se doit appliquer , & encore plus les Princes que les autres hommes, puis-que c'est à eux à donner à leurs sujets des exemples de pieté & de vertu. Aprés cette lecture qui est le premier pas que doivent faire les Princes, vous lui auriez pû donner quantité d'autres Autheurs graves & ferieux tant anciens que modernes, dont il auroit pû tirer plusieurs maximes & instructions importantes, pour rendre son regne heureux & son Royaume florissant ; comme la lecture des livres de Platon, des Politiques d'Aristote , des Offices de Ciceron, de Oeuvres de Seneque, des Apophthegmes & des Morales de Plutarque; & suivant l'advis de Messire Claude de * Seyssel, de la Cyropédie de Xenophon , de l'Oraison de Ciceron en la loüange de Pompée, du Panegyrique de Trajan fait par Pline, du Prince attribué à St. Thomas d'Aquin , d'Egidius de Rome , & sur tout de Philippes de Commines le Prince des Historiens François, ainsi que nous l'avons déja dit.　　　C 2　　　Mais

* *Monarch. Fr. part. 2. Ch. 2.*

Mais quoi qu'un Prince life des bon Autheurs, il doit encore fe fouvenir foigneufement du bon & fage advis qu'Erafme donne à fon Prince : Savoir qu'il fe propofe plûtôt de garder les bons preceptes politiques, & les actions moralles des hommes vertueux, dont il eft parlé dans les livres, que de vouloir imiter les exploits militaires d'un Achille, d'un Xerxes, d'un Cyrus, d'un Darius, d'un Alexandre, & de plufieurs autres femblables, que Seneque appelle quelque part *magnos & furiofos latrones*; comme * St. Auguftin appelle les Royaumes fans Juftice, *magna latrocinia*.

Aprés avoir ainfi infinué des bonnes maximes à vôtre jeune Prince par la lecture des bons Autheurs; vous deviez lui propofer l'exemple des fages Princes qui ont regné, & qui ont été l'amour & les delices de leurs peuples, comme un Salomon, un Augufte, un S. Louis, & un grand nombre d'autres. Nous ajoûterons enfin que pour former un bon & fage Prince, il faut neceffairement lui donner trois freins qui tienent

en

* *Lib. 4. de Civit. Dei. C. 4.*

en bride fon Autorité & fa Puiffance, favoir la Religion, la Juftice &
la Police. Quand un Prince reglera
toute fa conduite fur ces trois
grands modelles, il eft certain qu'il
fera bon, fage, & aimé de fes fujets. C'eft là le fentiment de Meffi-
re Claude de Seyffel, dans fa * Monarchie dediée au Roi François I.
Voici fes propres termes. *Touchant
les trois freins dont j'ay parlé, par lefquels, la puiffance abfolut du Prince
& Monarque (laquelle eft appellée ti-
rannique, quand l'on en ufe contre raifon) eft refrenée & reduite à civilité :
& par ainfi eft reputée jufte & tolera-
ble, & Ariftocratique. Je dis dere-
chief que le Roi ne peut faire chofe plus
agreable à Dieu, plus plaifante &
plus profitable à fes fujets, ne plus
honnorable & loüable à lui-même, que
d'entretenir lefdites trois chofes, par
lefquelles il acquiert nom de bon Roi,
de Trés-Chrétien, de Pere du Peuple,
de bien aimé, & tous autres tiltres que
peut acquerir un vaillant & glorieux
Prince. Et par le contraire dés qu'il fe
defvoye defdites trois limites, & veut
ufer de volonté defordonnée, il eft tenu*

C 3　　　　　　　*& re-*

& reputé mauvais Tyran, & cruel &
intolérable, dont il acquiert la haine
de Dieu & de ses sujets.

* Et dans un autre endroit il ajoûte. Le Roi & Monarque connoissant
que par le moyen des Loix & ordonnances, & loüables coûtumes de France concernant la Police, le Royaume est
parvenu à telle gloire, grandeur &
puissance que l'on void, & se conserve
& entretient en paix prosperité & reputation, les doibt garder & faire ob-
server le plus qu'il peut, attendu mé-
mement qu'il est astraint par le ser-
ment qu'il a fait à son Couronnement
de ce faire. Par quoi faisant le contraire, offense Dieu, & blesse sa Conscience, & si acquiert la haine & mal-
veillance de son peuple, & outre ce af-
foiblit sa force, & par consequent di-
minüe sa gloire & sa renommée.

Si vous aviez donné de tels principes à vôtre jeune Monarque, nôtre Nation Ultramontaine ne se ver-
roit pas aujourd'hui dans l'oprobre
& le mépris, par les sanglants outrages dont les François chargent tous
nos pauvres Italiens, qu'ils font passer pour les plus grands larrons qu'il
y ait

* Chap. 17.

y ait dans le reste de l'Univers ; Ils
nous accusent d'avoir ruïné la France, d'avoir reduit ses peuples à la
besace par le transport de leur or &
de leur argent en Italie ; Je demande à vôtre Eminence qui est respon-
sable de tant de calomnies ? à qui
doit-on faire ce reproche ? si ce n'est
a elle seule comme à l'unique ou-
vriere de tant de nouveautez qu'elle
a mis en lumiere pendant le tems de
son Ministere.

MAZARIN.

Per Dio, qui sont donc ceux-là qui
accusent nos Italiens de larcin ?

INNOCENT XI.

Tutti le Franchezzi. Car ils disent
hautement que si leur Roi avoit suivi l'exemple de Philippe de Valois,
lequel au raport de * Nicole Gilles,
par un Edit exprés de l'année 1347.
bannit de la France tous les Italiens
comme Larrons & expilateurs du
bien public, ils ne se verroient pas
aujourd'hui accablés de misere & de
pauvreté comme ils le sont. Voici les propres termes de cet Historien

C 4

* En ses *Annales de France* Fol. 163. de l'édi-
tion de 1562. *Voyez aussi la Chronique des Rois
de France imprimée in* 8. en 1550 *fol.* 71.

rien. En ce tems furent prins tous les
Lombards, Banquiers, & Uſuriers
qui étoient en France, & furent chaſſez & bannis du Royaume, pour la
grande évacuation qu'ils faiſoient des
Finances, dont le Royaume étoit appou-
vry: & par procez fait contre eux, fut
ordonné que quiconque ſeroit tenu envers eulx en aucunes uſures, en bail-
lant au Roi le ſort principal, ils ne
payeroyent rien des arrerages; enſuite
il ajoûte; Et qui feroit de preſent ainſi,
ce ſeroit bienfait, car ils font beaucoup du mal en France : Quand ils y
viennent, jamais n'y apportent un du-
cat, mais ſeulement une feuille de pa-
pier en une main, & une plume en l'autre, & ainſi tondent aux François la
laine ſur le dos, & leur font gabelle de
leur propre argent. Il fut lors trouvé
que les debtes qu'on leur devoit, mon-
toyent oultre vingt quatre cens mille livres d'uſures, deſquelles le ſort principal ne montoit point oultre douze vingt
mille livres. Que dit vôtre Eminence de ce portrait à l'Italienne.

M A Z A R I N.

Molto ſomigliante. Qu'il eſt aſſez
reſſemblant; mais auſſi que nous
ſommes malheureux, d'obliger des
In-

Ingrats qui nous chargent d'outrages & de maledictions, aprés nous
être sacrifiez pour leur rendre servi-
ce.

INNOCENT. XI.

N'auroit-il donc pas mieux valu
que vôtre Eminence ne fut jamais
sortie de * Piscina ou de l'Abruzze,
que de se voir aujourd'hui *la male-
dictione de tutti le Franchezzi & de tutti le altri popoli de la Christianità* ;
qui l'accusent de tous les malheu-
rés arrivez dans le monde depuis
l'espace de 45. ans, par la mauvaise éducation que vous avez donnée
au fils aîné de l'Eglise.

MAZARIN.

Ma per Dio, qu'est-il dont arrivé?

INNOCENT XI.

Per Dio, da questo procede che, il est
arrivé qu'a peine vous aviez quitté le
monde, que ce jeune Prince, l'esprit rempli de vos detestables maximes commença de les mettre en
pratique en l'année 1661. par la que-
relle survenuë à Londres entre les
Ambassadeurs des deux Couronnes,
au sujet du pas que le Comte d'Estra-
des disputoit au Baron de Batteville,

C 5   à l'en-

* *Lieu de sa naissance.*

à l'entrée de l'Ambaſſadeur de Suede. Cette affaire fut ſoûtenuë avec
tant de hauteur de la part du Roi T.
C. que ſi le Roi Catholique s'étoit
obſtiné à ne vouloir pas relacher de
ſes droits, par la ſatisfaction qu'il
lui en fit faire, cela ſeul étoit capable
de rallumer la guerre entre les deux
Maiſons. N'étoit-ce pas là un beau
ſujet de guerre ?

M A Z A R I N.

Ridiculoſo, j'avoüë que le jeu n'en
valoit pas la chandelle, & que le Roi
T. C. n'avoit pas raiſon d'en agir
ainſi.

I N N O C E N T X I.

Paſſons plus avant. Ce Prince
ayant bâti ſur vos principes & ſur vos
maximes une ambition démeſurée
de s'agrandir à quel prix que ce
fut, trouva le moyen en l'an 1662.
de depoüiller le Duc de Lorraine de
ſes Duchez de Lorraine & de Bar,
par une ceſſion que ce pauvre Prince
fut obligé de lui en faire, & cela au
prejudice des Traitez de Munſter &
des Pirennées, où tous les differens
qui étoient entre ce Duc & le Roi T.
C. avoient été vuidez & terminés.

M A-

MAZARIN.

Si cela eſt ainſi, jè conviens qu'il y
a eu de la mauvaiſe foi de la part du
Roi T. C. & qu'il n'a pû ſans injuſtice
priver le Prince Charles Neveu du
Duc de la ſucceſſion de ſon Oncle,
attendu que nous avions terminé
toutes choſes au Traité des Pirennées d'une maniere qu'il ne reſtoit
pas la moindre difficulté. •

INNOCENT XI.

Cependant le Prince Nicolas
François *pieno di rabbia*, outré de cet
injuſte attentat, fit voir à S. M. par
pluſieurs raiſons ſolides que le tranf-
port fait par ſon frere étoit de nulle
valeur : En premier lieu, parce que
eu égard à la Loi Salique, les Duchez de Lorraine & de Bar étoient
inalienables, & que ſi l'on avoit d'ailleurs égard au teſtament de René
Roi de Sicile & Duc de Lorraine,
par lequel ſes Etats avoient été ſub-
ſtitués de mâles en mâles, il en falloit inferer que le poſſeſſeur n'en
pourroit avoir que l'uſufruit, & que
par conſéquent le Duc de Lorraine
n'avoit pas été en droit de les aliéner;
que d'ailleurs ſi l'on conſideroit le
droit des femmes confirmé par l'ex-
C 6   emple

emple de la Duchesse Nicole, aux
Etats de laquelle le Duc son mari
avoit succedé, les Duchez du Duc
de Lorraine devoient revenir en la
possession du Prince Charles, comme
à l'unique heritier de cette Princesse;
mais toutes ces raisons furent inuti-
les.

MAZARIN.

Il Re Ludovico XIV. figlio mio,
pourroit répondre à tout ce que vôtre Sainteté vient d'avancer pour
prouver l'inalienation des Duchez
de Lorraine & de Bar, qu'ils n'ont
jamais reconnu la loi salique, & que
pour ce qui regarde la substitution du
Roi de Sicile de mâle en mâle, elle
étoit à l'avantage des Rois de France, parce que Charles d'Anjou successeur & neveu de René, n'ayant
point eu d'enfans, constitua Louis
XI. & Charles XIII. ses heritiers, &
que par consequent Louis XIII. &
Louis XIV. son fils, ont eu droit
d'y succeder. Qu'à l'égard des femmes, après avoir établi la succession
des mâles toute seule, ce raisonnement ne subsiste plus.

INNOCENT XI.

Tous ces raisons ne sont point capables

pables de juſtifier *la perfidia del Re Chriſtianiſſimo*, la mauvaiſe foi du Roi T.C. dans cette affaire. A moins qu'on ne veuille dire par raillerie, que l'honneur que ſa Majeſté faiſoit aux Ducs de Lorraine d'être conſiderez à l'avenir comme Princes du Sang de France, valoit bien le tranſport que le pauvre Duc lui faiſoit de ſes Etats ; ainſi voilà la queſtion vuidée.

Mais que dira vôtre Eminence de la hauteur avec laquelle ce jeune Monarque traita la Cour Romaine en l'année 1664. au ſujet de la Pyramide qui fut élevée dans Rome vis à vis du Corps-de-garde des Corſes, avec une inſcription infame, qui ſera un monument éternel d'ignominie & de fletriſſure pour le S. Siege, que les ſiecles à venir n'effaceront jamais ; & cela pour un demêlé ſurvenu entre les domeſtiques du Duc de Crequi, Ambaſſadeur Extraordinaire pour le Roi à Rome, & quelques ſoldats Corſes, où l'on ſçait de bonne part que les François avoient eu tout le tort. Ce Prince qui avoit ſi bien apris par cœur ſon Machiavel, ne ſe ſervit-il pas de cette occaſion pour s'emparer d'Avignon, en

faiſant

faifant revolter les Bourgeois contre
le Gouverneur de fa Sainteté ; & la
conduite qu'il tint dans toute cette
affaire, pour porter le S. Siege à lui
donner fatisfaction de l'infulte faite
à fon Ambaſſadeur, ne fait-elle pas
horreur à tous les bons Italiens. Ainſi
vous voyez par là que vous avez élevé un Dominateur qui n'a pas même
épargné vôtre chere patrie.

MAZARIN.

J'avouë S. Pere, que ces commencemens d'un regne, dont j'ai poſé les
premiers fondemens, me ſurpren-
nent d'autant plus que je n'attendois
rien moins d'un jeune Monarque, qui
m'a donné tant de peines à inſtruire ;
mais j'ai de la douleur en même
tems d'aprendre qu'il ait pratiqué des
maximes contre les Princes ſpiri-
tuels, qui ne lui ont été dictées que
contre les temporels, lui ayant toûjours inſpiré du reſpect & de la veneration *per lo Santo Seggio*, pour le S.
Siege.

INNOCENT XI.

Tout Prince qui fait gloire de ſuivre les preceptes de Machiavel, n'entre point dans ces fortes de conſide-
rations, *& non riſpetta ne Dio ne Dia-*
volo.

volo, & ne respéte ni Dieu ni Diable, pourvû qu'il vienne à bout de ses desseins. Cependant comme Machiavel l'enseigne fort bien, il faut qu'un Prince affecte de faire semblant de pratiquer le bien, tandis qu'il n'a pour but que le mal. Vôtre jeune Monarque nous fit bien voir l'année suivante qu'il étoit savant dans l'usage de cette maxime. Car tandis qu'il persecutoit la Cour de Rome, il faisoit beau semblant contre les Jansenistes, en faisant mettre en execution la Bulle d'Alexandre VII. mon predecesseur qui condamnoit leur Doctrine, & faisant defence de vendre les Oeuvres de Jansenius. Son grand zéle, ou plûtôt son hipocrisie, le porta même à faire dresser un formulaire qu'il voulut que tous les Prelats & Ecclesiastiques du Royaume signassent, faute de quoi, qu'on les y contraindroient par la confiscation du revenu de leur temporel. Mais ce ne sont là encore que les premiers traits de son ambition & de sa dissimulation; passons outre.

Voici un évenement qui lui va ouvrir une belle carriere, & qui lui va faire mettre au jour bien de secrets que

que vous lui aviez confiez lorſque
vous futes de retour à Paris aprés
la concluſion de la paix des pirenn-
nées. Je veux dire les Droits pre-
tendus de la Reine ſon Epouſe ſur
les Etats du Roi Cat. Philippe IV.
ſon pere. Cette année qui fut celle
de 1665. fut fatalle pour la Maiſon
d'Autriche par la mort de ce Prince, & tandis que toute la Chrêtienté
étoit en larmes & dans l'afliction,
vôtre jeune Monarque triomphoit
de joye par l'eſperance d'envahir
bien-tôt tant de beaux Royaumes &
de riches Provinces qui étoient à ſa
bienſeance, & ſe revêtir à l'exemple de la Corneille de la fable, des
depouilles d'un bien qui ne lui apartenoit pas.

MAZARIN.

Je le vis ce pauvre Prince, comme
il venoit de paſſer la barque de Caron, & comme il étoit ſur le rivage du Stix ſe promenant avec Char-
le-quint & Philippe II. qui lui étoient
venus au devant, mais comme nous
ne ſommes pas trop bons amis Philippe II. & moi j'évitai leur rencontre, quoique j'euſſe grande envie de
l'aborder pour aprendre des nouvelles.

velles. Cependant que cette digreſ-
ſion ne rompe point le fil de vôtre
diſcours.

INNOCENT XI.

Per dicere in breve , & pour reprendre le recit des funeſtes malheurs,
que le deceds de ce bon Prince vient
de cauſer dans toute la Chrêtienté ,
le dirai qu'à peine la mort lui eût
fermé les yeux que le Roi T. C. fit
marcher ſes armées vers les Païs-
Bas pour ſe mettre en poſſeſſion des
Provinces, qu'il pretendoit lui apartenir en vertu des Droits de Marie
Thereſe ſon épouſe, & ſe mocquant
des ſermens qu'il avoit prêtés à la
concluſion du Traité de St. Jean de
Luz , par leſquels il avoit renon-
cé à tous ſes droits , il fit publier
un Manifeſte pour les autoriſer , &
ſans autre formalité , il s'empara de
Bergue, Furnes, Tournai, Doüay,
Courtray, l'Ile, Oudenarde, Aloſt.
Il fit toutes ces conquêtes avec tant
de rapidité que la plûpart de ces
places étoient depourvuës de gar-
niſons & de munitions neceſſaires
pour leur defenſe, ſe repoſant ſur la
bonne foi du dernier Traité.

MA-

MAZARIN.

J'avoüe *che il figlio mio fa cofe gran-di*, & que voilà bien des conquêtes entaffées, & des ufurpations, que le Droit & la bonne foi femblent condamner d'abord, mais, à qui la faute, elle ne fauroit être imputée qu'à la Cour d'Efpagne, qui a été toûjours negligente à faire valoir fes interêts par la Force & la Politique qui doivent être infeperables des grandes Monarchies. J'advoüe même que j'y ay beaucoup contribué par les rufes dont je me fervis dans la conclufion de cette Paix, parce qu'effectivement j'avois à faire à des Plenipotentiares ignorans de la part de l'Efpagne, dont j'apelle à témoin Mr. de Lionne Secretaire de la Negociation, lefquels confentirent à tout ce que je leur demandois. Mais fi vôtre Sainteté fait reflexion que la France m'ayant choifi pour un fi grand Emploi & le Roi T. C. ayant une plaine coufiance en moi, j'étois indifpenfablement obligé de foûtenir fes interêts, à moins que je n'cuffe voulu paffer *per uno traditore & uno infidele* pour un traitre & un infidelle. Mais voyons la fin de tous ces Evenemens. In-

INNOCENT XI.

Le Roi T.C. ne fe contenta pas
de porter fes armes & la defolation
dans les Païs-Bas, mais auffi il entra
dans la Franche-Comté au cœur
de l'hiver, & le Prince de Condé
ayant mis le fiege devant Befançon,
s'en rendit maître aprés avoir vaincu
l'opiniatreté des habitans, qui étoient
refolus à lui vendre bien cherement
leur vie par une vigoureufe refiftan-
ce; mais leur ayant reprefenté que
leur Ville avoit ceffé d'être Ville Imperiale par le Traité de Munfter,
outre qu'on auroit foin de ne rien
changer à leurs privileges, elle fe rendit fur ces belles paroles. Salins fui-
vit bientôt l'exemple de Befançon,
ne pouvant plus long-tems refifter
aux cruautez du Maréchal de Luxembourg : L'importante Ville de
Dole fut auffi foûmife à l'obeiffance
del Vincitore du conquerant, auffi bien
que la Ville de Gray. De forte que le
feul mois de Fevr. termina la reduc-
tion de toute la Franche-Comté. Les
Efpagnols confiderant leur foibleffe
& la rapidité des armes victorieufes
du Roi T.C.; outre qu'ils avoient fur
les bras le Portugal, dont la diverfion

fion leur faifoit d'autant plus de peine qu'elle étoit fomentée par la
France, & qu'elle attaquoit le cœur
de leurs Etats, fe refolurent enfin de
demander une fufpenfion d'armes
qui leur fut accordée jufques à la fin
du mois de Mai de l'année 1668. ce
qui leur procura le moyen de fe reconcilier avec le Portugal par une
paix, dont le Pape fut Mediateur, qui
fut la Paix d'Aix-la-Chapelle.

MAZARIN.

Per Dio dunque il mondo quieto, voila donc la calme retabli dans l'Europe.

INNOCENT XI.

Rien moins que cela; car vôtre
jeune Monarque, *fempre che non è
mai fatio, & fempre perfido*, toûjours
infatiable & toûjours perfide, fit
marcher fes armées deux années
aprés, c'eft-à-dire en 1670. vers les
Etats du pauvre Duc de Lorraine,
fous pretexte que ce Prince ne lui
avoit pas tenu parole, ou qu'il avoit
entretenu des correfpondances fe-
cretes dans toutes les Cours des
Princes voifins. De forte que le Ma-
rêchal de Crequy s'étant prefenté
devant Pont-à-Mouffon, cette place

ce se rendit sur le champ, & ses For-
tifications furent rasées. Espinal,
Chasté, & Longwy se soûmirent
aussi à l'obeïssance du Roi, & le pauvre Duc de Lorraine étant chassé de
ses Etats, fut contraint d'aller chercher azile ailleurs, & d'implorer la
clemence des autres Princes qui le
reçurent par charité.

MAZARIN.

Il n'est rien arrivé, au Duc de
Lorraine que je ne lui eusse predit.
Et s'il avoit suivi le Conseil que je
lui donnois lorsque nous étions oc-
cupés aux Conferences de la paix
des Pirennées, je suis persuadé, qu'il
auroit mieux fait; je lui ai même du
depuis reproché sa bêtise, sur les
bords de ce fleuve, lorsqu'il eut passé
la barque de Caron, dans une conversation que j'eus avec lui, où il
me faisoit la triste peinture de ses
disgraces.

INNOCENT XI.

Le but de vôtre Eminence étoit,
de le rendre esclave perpetuel de la
France, en lui conseillant d'abandon-
ner entierement les liaisons qu'il a-
voit avec la Maison d'Autriche, pour
l'attacher à celle de Bourbon; c'est
à dire

à dire de Prince Souverain & indé-
pendant qu'il étoit , devenir Vaf-
fal , fujet , & dependant. Mais fans
nous arrêter plus long-tems *en Prin-
cipesfortunato* à ce Prince infortuné.
Voyons fi vôtre Eleve machiavelifé
en a mieux agi envers les autres
Puiffances de l'Europe. En l'année
1672., *il colmo di tutta li fceleratezza;* ce qui eft le comble de toutes
les perfidies. Il trouva le moyen de
rompre les engagemens qui unif-
foient la Suede , l'Angleterre & les
Provinces-Unies , fous le nom de
Triple Alliance ; & aprés avoir com-
ploté avec l'Angleterre & l'Evêque
de Munfter, le refultat de ces trois
Puiffances fut de ne point quitter les
armes qu'aprés la deftruction & la
ruine entiere de la Hollande , comme d'une autre Cartage , dont chacu-
ne devoit avoir une portion fuivant le
partage qui avoit été arrêté à Verfail-
les , où les Miniftres des Princes liguez avoient tenu fur ce fujet plufieurs Conférences *ma che monta piu*
mais qui plus eft : C'eft que le Roi
T. C. ne fe portoit à tous ces excés,
que pour fatisfaire à fon ambition
demefurée , témoin ce qu'il fit
pu-

publier dans ſes Manifeſtes, que la
grandeur & la puiſſance de cette Republique lui faiſoit ombrage, & qu'il
avoit des motifs ſuffiſants pour ne
plus regarder ces peuples que comme les ennemis de ſon Etat. Quoi
qu'il en ſoit, les Provinces-Unies
ſoûtinrent une terrible criſe,& la fortune balança ſi bien leur deſtinée,
coſa miracoloſa, que ce fut un eſpece
de prodige, comme quoi elles ſe
ſauverent.

MAZARIN.

Si vôtre Sainteté conſidere que les
Hollandois ſont * *diverſe nationi, ri-*
belli & heretici adunate per populare
una tera. Elle ne trouvera pas étrange que le Fils aîné de l'Egliſe eut juré leur ruine & violé par conſequent
la parole qu'il leur avoit donnée par
les derniers Traitez, ſuivant ce principe *fides non eſt ſervanda hereticis.*

INNOCENT XI.

Mancare di fede? manquer de foi.
O! *abominevole Maſſima*, ô! maxime
deteſtable; que deviendront les E-
tats, les Republiques, & même les
plus puiſſantes Monarchies? que de-
vien-

* *Diverſes Nations rebelles & heretiques ra-*
maſſées qui forment cette Republique.

viendront les peuples qui se repo-
sent & vivent sous la bonne foi des
Traitez? Qu'en revint-il à Ferdinant
qui étoit le plus perfide Prince de
son siecle, témoin la conduite qu'il
tint au sujet des demêlés qu'il eut
avec Louïs XII. Ce Prince le trom-
pa toûjours & son regne n'a été qu'u-
ne suite perpetuelle de perfidies. En
fut il plus heureux pour cela? Non,
Seneque, *Aristote, & † Dion de
Prusse nous disent des belles choses
là-dessus. Je conclus donc qu'un
Prince, doit-être autant jaloux de
sa parole, qu'il l'est de sa grandeur,
& à quelques peuples qu'il la donne,
Chrêtiens, ou Heretiques, Payens
ou Musulmans, il la doit tenir *con-
sacrato a Dio* comme ce qu'il y a de
plus auguste, de plus sacré & de plus
inviolable dans le Christianisme &
dans la societé humaine.

MAZARIN.

Mà molio piu che vostra Santità.
Mais je prie vôtre Sainteté de vouloir poursuivre le recit de tant d'é-
venemens, que j'ay ignoré depuis
environ trente ans que j'ay quitté le
monde,

* *Ultimo Nichom.*
† *Orat XXXVII. d'Epist. IV.*

monde, ces étranges revolutions
m'intereſſent d'autant plus, qu'on
m'en fait l'Autheur, & qu'elles me
font regarder comme l'horreur,
non-ſeulement des mortels, mais
auſſi des plus deteſtables damnés,
a quoi cependant je n'ai contribué
qu'autant que le caractere de premier Miniſtre dont j'ay été honoré
à la Cour de France, & la gloire du
Prince qui étoit ſous ma tutelle m'y
ont engagé : Ce qui devroit ſi me
ſemble faire mon apologie, de maniere que je fuſſe à couvert des mur-
mures & des maledictions de tant de
peuples qui crient *Mazarini abominevole monſtro.*

I N N O C E N T X I.

*Il ambitione del Prince che non è mai
ſatio.* Ce Prince dont l'ambition ne
vouloit point avoir d'autres bornes,
que celles de toute l'Europe, laquelle ne devoit plus reconnoître
*che il Monarchia del grande Ludovi-
co,* porta ſes armes victorieuſes ſi
avant, que toute l'Allemagne com-
mençoit à trembler, ce qui fit con-
cevoir de ſi grands ombrages à l'Empereur, qu'il declara ouvertement
à la Diete de Ratisbonne, qu'il étoit

D   tems

tems d'arrêter la rapidité de ce torrent, & invitant les Princes de l'Empire à s'unir ensemble, les armées
des Imperiaux commencerent à paroître sur le Rhein. Les Espagnols
qui ne faisoient que de quitter les armes, se reposant sous la bonne foi du
dernier Traité, qui étoit celui d'Aix-
la-Chapelle furent encore contraints de les reprendre pour venir
tous ensemble au secours des Provinces-Unies, bien persuadés que s'ils
ne s'aidoient pas à éteindre le feu de
leurs Voisins, leur Païs ne manqueroit pas d'en ressentir bien-tôt les
suites funestes.

M A Z A R I N.

Dio mio! Mon Dieu! Voilà donc
toute l'Europe encore en feu. Mais
voyons qu'elle en fut la fin.

I N N O C E N T X I.

La fin fut que vôtre jeune Eleve,
poursuivant la route que vous lui
aviez prescripte *per vostro diavolo del
Machiavelle*, continüant à porter le
feu & la desolation dans tous les E-
tats des Princes Chrétiens, crût enfin
qu'aprés avoir fait sentir à toute la
Chrêtienté son insuportable domination, il n'y avoit pas de plus sû-
re

re voye à prendre pour lui , tant
pour se maintenir à ce haut degré
d'élevation, que pour endormir toutes les Puiſſances de l'Europe, qui
venoient de prendre les armes contre
lui, que de commencer par les di-
viſer. Ainſi la Hollande qui avoit
eſſuyé les premiers tourbillons de ſa
fureur, laſſe de fournir , & agra-
bléc par le péſant fardeau des charges de la guerre, fut la premiere à
qui il fit des propoſitions de paix. Il
eſt naturel à des peuples, qui avoient
été reduits aux dernieres extremi-
tés , de chercher du ſoulagement;
ainſi il n'eut pas de la peine à les de-
tacher du parti, par le moyen de l'importante Ville de Maſtricht qu'il
leur rendit:La Paix particuliere entre
la France & la Hollande fut donc
publiée le 1. d'Octobre de l'année
1678.

MAZARIN.
Hé! qu'eſt-ce que devinrent les
autres Princes de la Ligue ?
INNOCENT XI.
La proye & la victime de l'Agreſ-
ſeur, car les ayant attaqué les uns
aprés les autres avec toutes ſes forces, en renouvellant les fureurs &
D 2   les

les crüautez de la guerre, à l'exemple d'un Charles le Hardi Duc de
Bourgogne, qui fut furnommé le terrible, il ne leur donna point de
quartier qu'ils n'euffent foûcrit
aux conditions defavantageufes qu'il
leur propofoit. Deforte que les
Princes de l'Empire fe voyant aban-
donnés de ceux qui étoient confi-
derés comme le nerf de la guerre,
& le premier mobile qui les avoit
fait agir, ne fongerent plus qu'à faire leur paix feparée les uns aprés les
autres à l'exemple de leur Alliée.
L'Empereur fit la fienne, & elle fut
publiée le vint-fix d'Avril de l'année
1679. Celle de l'Electeur de Bran-
debourg & de l'Efpagne fuivirent
peu de tems aprés, & celle-ci fut
confirmée par une nouvelle Alliance, qui fut le mariage du Roi d'Efpagne avec Mademoifelle fille ainée
de M. Duc d'Orleans. Les Conferences de la Negociation du Traité de
Nimegue furent donc terminées par
le chagrin & le deplaifir que les
Princes confederez eurent de fe
voir le jouët & la dupe perpetuelle
de la France, qui les avoit forcé
l'épée dans les reins à lui accorder
tout

tout ce qu'elle avoit demandé.

MAZARIN.

Le traité de Nimegue fut donc confirmé encore pas une nouvelle alliance, qui fe fit entre les deux Maifons, comme le fut celui des Pirennées par le mariage de Marie Therefe avec Louïs le Grand : E, le pauvre Colbert m'aprit dermerement comme nous nous promenions dans ces plaines infernalles bien des particularités, dont vous ne me dites pas un mot, qui eft au fujet d'une autre alliance que le Roi T. C. fit du côté de l'Allemagne l'année d'auparavant par le mariage de Monfeigneur le Dauphin avec Anne Marie Victoire fœur de l'Electeur de Baviere aujourd'hui regnant. Il m'aprit que c'étoit lui-même en qui le Roi avoit confié tout le fecret, & qu'il avoit été envoyé à Munik pour affifter à la fignature du contract de mariage. Il ajoûtoit que le pr ncipal but qui avoit porté le Roi fon Maître à rechercher cette alliance, étoit plufieurs belles & bonnes pretentions qu'elle lui aportoit pour attaquer de nouveau l'Empire, & que fous l'apui d'une des plus puif-

D 3   fantes

santes maisons de toute l'Allemagne, il auroit toûjours la porte ouverte pour y entrer quand il lui plairoit.

INNOCENT XI.

Colbert a dit vrai à vôtre Eminence à quelques égards, parce qu'il est certain que ce Monarque, qui avoit toûjours les yeux ouverts, comme les oiseaux de proye, sur les Etats de ses voisins pour les envahir à la premiere occasion, ne songea plus aprés la paix de Nimegue qu'à forger des nouveaux fers pour reduire l'Europe sous l'esclavage qu'il avoit medité dés les premieres années de son Regne, en batissant toûjours sur vos principes & sur vos detestables maximes. Desorte qu'ayant encore endormi tous les Princes de la Chrêtienté par le traité de Nimegue, comme vous aviez fait par celui des Pirennées ; Il avoit en veüe en contractant une étroite Alliance avec la Maison Electorall-le de Baviere, de se frayer une route assurée pour entrer dans les Etats du Chef de la Maison d'Autriche, & acquerir par là des nouveaux droits pour faire ouronner un jour son fils

Mon-

Monseigneur le Dauphin Roi des
Romains à l'exclusion du fils de
l'Empereur, *ma certo, lo ingannatore
è stato ingannato*, mais le trompeur
a été trompé lui-même ; en premier
lieu en ce que bien loin d'engager
la Maison de Baviere dans ses interêts par ce mariage, il semble qu'il
ait contribué à l'unir plus étroite-
ment à la Maison d'Autriche, ainsi
que l'experience la fait voir ; & en
second lieu, en ce que bien loin de
frayer par la une route qui dût favo-
riser l'élection du Dauphin Roi des
Romains, nous avons vû arriver
tout le contraire, par l'attachement
inviolable que tous les membres de
l'Empire ont témoigné pour l'élection du jeune Roi de Hongrie, qui
fut couronné Roi des Romains il y
a quelques années, ce qui mortifia
si fort le Rois T. C. qu'il fallit à en
crever de dépit ; de sorte que pour
se vanger, de la mauvaise réüssite
qu'avoient eu ses grands desseins,
en s'alliant à la maison de Baviere, Madame la Dauphine n'a eu
du depuis que des chagrins à la Cour
de France, qui ont beaucoup contribué à abreger ses jours, comme tout le
monde sçait.   D 4   MA-

MAZARIN.

J'avoüe St. Pere que le recit de
tant d'évenemens qui se sont passés
dans si peu d'années, me surprend
d'autant plus, que j'avois conté sur
l'activité & la promptitude qui com-
mençoit à briller dans toutes les actions de ce jeune Monarque, lors même qu'il n'avoit encore que 10. ou
12. années, comme sur des défauts,
capables de faire échoüer ses plus
grandes entreprises. Aussi lui disois-
je souvent pour moderer l'ardeur de
sa jeunesse, *figlio mio chi va piano,
va sano*. Mais voyons ce qui s'est
passé aprés la conclusion de la Paix
de Nimegue, à laquelle on ne peut
pas dire que j'aye eu aucune part, non
plus qu'en celle d'Aix la Chapelle,
puis qu'elles se sont faites aprés mon
depart du monde.

INNOCENT XI.

J'avoüe que *Vostra Eminentia nissu-
na parte aveto.* Mais si l'on considere
que vous avez jetté les premiers fondemens de cette Monarchie, & que
sur vos principes vôtre Eleve a bâti
l'ambition & le desir insatiable qu'il a
eu de s'agrandir sur les ruines des autres Etats ses voisins, vous n'en étes
pas

pas moins coupable, ni moins res-
ponſable des malheurs qui affligent
aujourd'hui la Chrêtienté.

MAZARIM.

Che Diavolo! ſerai-je donc éter-
nellement l'horreur du genre humain, & pour toute recompenſe d'a-
voir bien ſervi la France, faudra-t-il
que je ſois devenu *ſempre la maledi-*
tione di tutti gli Franchezzi, & di
tutti gli Nationi.

INNOCENT XI.

Sans doute. Mais, paſſons outre.
En l'année 1680. c'eſt-à-dire une année aprés la concluſion de la Paix de
Nimegue, vôtre Monarque *ſempre*
ambitioſo & ſempre perfido, commença
à faire des nouvelles affaires au Roi
Catholique par le mauvais traitement
qu'il fit au Duc de Giovenazzo ſon
Ambaſſadeur à Paris, en lui deniant
les honneurs & les prerogatives dûes
à ſon caractere, & dont ceux qui l'a-
voient precedé dans cet emploi
avoient toûjours joüi, parce diſoit-
on, que le Duc de Giovenazzo, lorsqu'il reſidoit à la Cour de Savoye,
avoit voulu brûler l'Armée Navale
de ſa Majeſté dans le Port de Toulon, auſſi bien que les Magazins de

Pigne-

Pignerol, à quoi il n'avoit jamais
fongé, & cela à l'infçû du Roi Catholique fon Maître. Quoi que le
Roi d'Espagne tentât de ranger à la
raifon le Roi T. C. en faifant traiter
de la même maniere le Marquis de
Villars fon Ambaffadeur à Madrid,
tout cela ne fut pas capable de lui faire changer de conduite, & il fallut
dans cette occafion que fa Majefté
Catholique fe foûmit aux volontez
d'un Monarque qui vouloit être
obeï ; ainfi pour éviter une rupture il
fut neceffaire de rapeller le Duc de
Giovenazzo, & le Marquis de Fuen-
tes fut envoyé à fa place, pour faire
au Roi T. C. des trés humbles excu-
fes de la part du Roi Catholique fon
Maître.

M A Z A R I N.

Je fuis obligé de dire que le Roi
T. C. n'avoit pas raifon d'en agir
ainfi, dans un tems où il devoit être
affez fatisfait d'avoir humillié tous
les Princes de l'Europe, & particulierement la Maifon d'Autriche fon
irreconfiliable ennemie. Ainfi il devoit les laiffer joüir paifiblement des
fruits d'une paix, qu'il leur avoit
venduë affez cherement.

IN-

INNOCENT XI.

VÔtre Eminence a raison, mais voyons les suites. Le Roi T. C. qui est * *un demonio suelto*, ne pouvant vivre sans faire du mal, tourna ses armes contre ses sujets , & voulut dechirer ses propres entrailles en portant le poignard contre son propre sein. Car ayant entrepris d'extirper de son Royaume l'Heresie Hugue-note, il n'y eut point de crime qu'il ne commit pour en venir à bout, jusques à des sacrileges qui feront éter-nellement honte à l'Eglise, le couvri-ront lui même à jamais d'infamie , & rendront sa memoire odieuse à tous les siecles à venir. Aprés un nom-bre infini d'Edits & de Declarations, qui furent renduës contre-eux ten-dant toutes à ruiner leurs Privileges, & les Libertez que ses Predesseurs leur avoient accordées. Le 27. Fe-vrier de l'année 1681. il fit publier une ordonnance qui portoit que tous les Commissaires des quartiers se transporteroient avec deux person-nes Catholiques, dans les maisons des Reformez malades, ou à la go-nie , pour s'informer d'eux dans

qu'el-

* *En Espagnol Diable deschainé.*

qu'elle Religion ils vouloient mourir, & fous ce pretexte on les forçoit
à prendre l'Augufte Sacrement de
l'Eucariftie, deforte que la plûpart
étoient contraints de l'accepter,
plûtôt pour fe delivrer de la perfecu-
tion des Prêtres, que pour fatisfaire
aux devoirs d'un fidelle Chrêtien, &
après l'avoir pris le crachoient. *Spa-
verabfo* je fremis d'horreur quand j'y
fonge : Et je puis dire avec fincerité,
que ce qui ma porté à contrarier la
France fur les dernieres années de
ma vie, c'eft la confideration de tant
de blafphemes, & de facrileges
commis contre les plus grands mi-
fteres de la Religion ; & c'eft cette
fainte conduite qui ma fait charger
du fanglant outrage de fauteur des
heritiques.

MAZARIN.

S'il a fait cela, * *quefto e dunque
un diavolo fcatenato*, comme dit trés
bien vôtre Sainteté.

INNOCENT XI.

Certamento. Certainement il l'a
fait.

MAZARIN.

Mais St. Pere s'il mêt permis de
dire

* *C'eft donc un Demon déchainé.*

dire deux mots à l'avantage de la France, & de faire en quelque maniere l'apologie du Prince dont vous avez maudit les maximes tout le tems que vous avez été affis· fur la Chaire de St. Pierre· Je ne puis m'empêcher de dire, que ce Monarque, par la deftruction de l'herefie dans fes Etats, à augmenté corîderablement vos revenus, étendu le Royaume de Jefus-Chrift, la puïffance de la Sainte-Mere Eglife, & la Domination fpituelle & temporelle de vôtre Sainteté : Que par confequent bien loin de defaprouver une telle conduite, il femble, qu'il étoit de vôtre interêt de l'aplaudir, & de concourir unanimement à l'extirpation d'une maudite Secte qui s'eft de tout tems declarée ennemie irreconfiliable de la Cour de Rome.

INNOCENT XI.

A Dieu ne plaife, que j'aye jamais été dans ces fentimens, attendu que ces voyez de travailler au falut des ames & à la converfion des heretiques, font fi oppofées à l'efprit du Chriftianifme & de l'Evangille, que l'experience nous à fait voir, que Loüis le Grand au lieu de purger fon

D 7 Royau-

Royaume de l'Héréfie Huguenote,
il la rempli de mille nouveaux Hérétiques, Atheïftes, Epicuriens,
Blafphemateurs, &c. qui foüillent
aujourd'hui l'Eglife par leurs facrileges. De forte que la France eft à la
veille de fe voir dechirée par mille
nouvelles factieufes Sectes differentes qui femblent s'elever fur les ruines du Calvinifme, & naître des cendres d'une Religion qui n'étoit pas
malfaifante. Ainfi ne valloit, il pas
mieux pour le repos de l'Eglife,
laiffer vivre ce monftre, que de le
combattre pour en faire fortir mille
autres aprés l'avoir terracé, infini-
ment plus à redouter.

MAZARIN.

Vôtre Sainteté à donc été fenfiblement outrée par la conduite de ce
Monarque.

INNOCENT XI.

Molto piangimento. Si touchée que
j'en ai verfé des larmes, & pour en
témoigner mon reffentiment, j'ai
pouffé, *la vendetta* auffi loin qu'un
bon Italien le pouvoit faire. Je la fis
éclater principalement par trois
Brefs qui furent publiez en France,
en l'année 1681. par lefquels je donnois

nois at.einte aux libertez de l'Eglife
Gallicanne, & particulierement au
Droit de la Regale. Le Roi T. C.
qui voyoit plier toutes les Puiffances
de l'Europe fous le joug de fa fiere
domination, fut extremement fur-
pris de me voir le feul intrepide, &
affez hardi pour lui faire connoître
que fa puiffance, & fon ambition
n'étoient pas fans bornes ; de forte
que dans le fort de ma vieilieffe, quelque irrité qu'il fut contre moi, il fut
contraint d'admirer mon hardieffe,
& ma fermeté. Il fut fi allarmé des
foudres du Vatican, qu'il n'y eut
point de moyens qu'il ne mit en ufa-
ge pour tacher de me flechir, temoin
les empreffemens du Duc d'Eftrée,
& fes frequentes follicitations pour
avoir audience de moi fur ce fujet,
ce que je lui refufai conftamment
malgré les emportemens du Roi fon
Maître, qui ne me menaçoit rien
moins que de porter fes armes en Italie, fi je refufois de lui rendre raifon de tant d'attentats. Voyant donc
que j'étois inexorable, & que je puis
dire fans vanité le feul de tous les
Princes de la Chrêtienté, qui ofât
s'oppofer au torrent de fon ambition.
Il

Il crût qu'il ne pouvoit se mieux vanger, que par une convocation des
Evêques du Royaume, qui furent
les Archevêques de Rheims, d'Am-
brun & Alby, les Evêques de la Ro-
chelle, d'Autun & de Troyes qui
examinerent mes Brefs. Le Resul-
tat de ces * *Espantavellacos* fut de
convoquer un Concile National de
tout le Clergé de France, pour y re-
soudre sur les moyens de conserver
les droits de l'Eglise Gallicanne. Enfin par mon intrepidité je fis voir à la
France que je redoutois peu la vanité
de ce projet, & que bien loin de m'é-
branler par toutes ces menaces, ma
resolution étoit de lui disputer le ter-
rain *pie manzi pie*, pied à pied.

M A Z A R I N.

Il y avoit cependant lieu de craindre que cette affaire n'attirât des terribles troubles dans l'Eglise, & le
Roi T. C. en pouvoit d'autant plus
facilement venir à cette extremité,
qu'il y a des exemples dans l'histoire
qui l'autorisent, principalement
quand les Papes ont refusé la convocation d'un Concile général, par des
demelez qu'ils ont eu avec les Rois
de

* *Rodomontades* en Espagnol.

de France. Témoin ce qui eſt raporté par le Preſident de Thou, touchant ce que dit Meſſire Charles de
Marillac Archevêque de Vienne en
Dauphiné, à François II. que Charles V. n'avoit jamais pû obtenir des
Papes la liberté de faire convoquer
un Concile général, parce que la
Cour de Rome ayant ſes vûës y ap-
portoit toûjours des obſtacles invin-
cibles. Que pour éviter un plus
grand mal, il étoit donc permis au
Roi de convoquer un Concile National ſuivant les anciennes conſtitu-
tions de la Monarchie où l'on en aſ-
ſembloit un de cinq en cinq ans, ce
qui s'étoit continué depuis Clovis,
juſques à Charlemagne, & n'avoit
été diſcontinué que ſous Charles VII.
Que François II. devoit prevenir des
grands maux par là, qu'ainſi cette
conſideration le devoit porter à regarder avec mepris tous les obſtacles
que la Cour de Rome y vouloit ap-
porter, attendu qu'il n'avoit pour
but que le bien de l'Egliſe.

I N N O C E N T   X I.

La ſuite a fait cependant voir, que
le fils ainé de l'Egliſe avoit été extremement humillié, par la condui-
tc

te que je tins dans cette rencontre,
& que sa conscience lui reprochant
sa rebellion, & la hauteur avec laquelle il avoit traité le Chef de l'Eglise, il ordonna sous main, qu'à la
verité une assemblée générale du
Clergé de France seroit convoquée,
comme en effet elle le fut, mais
avant que de passer outre, il voulut
qu'on fit une derniere tentative pour
tacher de vaincre, par la soumission,
mon opiniatreté: Ainsi cette venerable Assemblée m'ayant écrit une Lettre par l'ordre du Roi, après la lecture que l'Archevêque de Paris lui
en fit à St. Germain, elle fut incessamment envoyée à Rome, avec ordre au Duc d'Estrée son Ambassadeur de me la presenter.

MAZARIN.

Vôtre Sainteté fit-elle reponse à
cette Lettre?

INNOCENT XI.

Nò Signore. Je refusai absolument de
la lire, quelque instance que le Duc
d'Estrée fit pour m'y obliger: De sorte que le Roi T. C. voyant que la reponse ne venoit pas, ordonna à l'Assemblée du Clergé de passer outre,
l'Archevêque de Rheims & l'Evê-
que

.que de Meaux, avoient été choisis
en qualité de Commissaires pour re-
gler les preliminaires des matieres
que l'on devoit traiter, dont les plus
importantes étoient les six propositions de la Faculté de Theologie de
Sorbonne, qui avoient tant fait de
bruit en l'année 1663. De sorte que
sur le raport que ces deux Prelats en
firent *questa razza maledetta di Franchezzi*, cette maudite race de François conclut. 1. Que le Chef de
l'Eglise, ni l'Eglise même, n'avoit
rien à pretendre sur le temporel des
Rois ; que nous n'étions point en
droit de les deposer, & que les sujets
d'un Prince Chrêtien ne pouvoient
être par nous affranchis des sermens
de fidelité sous quelque pretexte que
ce fut ; 2. Que le Concile général
étoit au dessus du Chef de l'Eglise,
suivant les anciennes maximes & la
doctrine du Concile de Constance,
rapportée dans le 4. & 5. Article.
3. Que la puissance du Chef de l'E-
glise seroit soumise aux Canons, &
qu'il ne pouroit rien faire qui fut op-
posé aux anciens Conciles; que les
libertez de l'Eglise Gallicanne, seroient aussi independantes de nôtre
au-

autorité, parce que les Rois de France ne tenant leur Royaume que de la main de Dieu, ils ne font point en droit de reconnoître d'autre puiffance temporelle, d'autant plus que les anciens ufages de l'Eglife, & les Conftitutions des anciens Conciles, les en ont laiffé joüir une longue fuit-d'années, malgré les atteintes des Papes ennemis de la France. 4. Enfin il fut arrêté que le Souverain Pontife, quoiqu'il fut revêtu d'une plaine autorité concernant les chofes qui regardent la foi, cependant fes decifions ne feroient pas autentiques fans le confentement univerfel de l'Eglife, & voila nôtre infallibilité foulée aux pieds. Aprés de fi fanglands outrages, n'étois je pas en-droit de me fervir de tous les foudres du Vatican *per diftruggere quefta ma-ledetta razza di Franchezzi.*

M A Z A R I N.
Nò.

I N N O C E N T. X I.
Perché nò?

M A Z A R I N.
Nò.

I N N O C E N T X I.
Come nò?

M A-

MAZARIN.

Parce que le Roi T. C. feul eft vicaire & Lieutenant General de Dieu dans fon Royaume *& habet vim Apoftoli.*

INNOCENT XI.

Comment entendez vous cela?

MAZARIN.

Pour uous le prouver vous ḿonterons jufques à la naiffance de la Mònarchie. Pharamond donc fut premier Roi des François & commença à regner en l'an quatre cens dix-fept. Trois de fes fuccef-feurs furent Payens : * Clovis fut le premier Chrêtien ; il vint à la Couronne l'an 384. & continua la poffeffion du droit Royal , car il convoqua un Concile à Orleans au quel fe trouverent plufieurs Prelats au nombre de 32. Evêques; il fit exe-cuter à mort deux Moines criminels de Leze Majefté. Les Succeffeurs de Clovis continuerent ainfi jufques à Boniface III. que nous pouvons dire avoir été le premier Pape ; car quånd au † nom , il étoit auparavant commun aux autres Prelats, felon que

* *Du Haillan à la fin du regne de Clovis.*
† *Hier. Epift. ad.*

que St. Hierôme en plusieurs Epî-
tres, appelle * St Augustin & Ale-
pius du nom de Papes, comme le
nom de Prêtres & d'Evêques se pre-
noit en même signification; car di-
soit † St Hierôme , *qu'est ce que
l'Evêque fait de plus que le Prêtre ex-
cepté l'Ordinaison &c. Tout Evêque
soit de Rome ou d'Alexandrie à pareil
merite & même Pretrise, les richef-
ses ni la pauvreté ne, levent, ni n'abaif-
sent l'Evéque* &c. Cependant aprés
six cens ans Boniface III·, alors Evêque de Rome, avec le nom, s'est attribué l'effet , & au lieu qu'Adam donnoit le nom selon la nature des choses , & suivant ce qu'elles étoient
en elles mêmes; Boniface III. &
ses Successeurs se sont apropriez les
choses en abusant du nom. A propos
de quoi les ‡ Historiens remarquent
qu'il à le premier usé de ses termes
en ses Decrets. *Nous voulons, or-
donnons, commandons & enjoignons.*

I N-

* *Augusto* 2·
† *Hier. Evagrio ubique fuerit Episcopus sive
Roma &c. sive Regii. éjusd. est meriti & sacerdo-
tii &c.*
‡ *Beda Sigibert. &c. Durand.* 4. *rational.*
Ado , Onufrius.

INNOCENT XI.

Mais comment cela eſt il arrivé?

MAZARIN.

Toutes ces uſurpations ont été favoriſées par les confuſions des guerres d'Italie, & la nonchalance des derniers Rois de la premiere Race. Pepin deſirant de transferer la Couronne en ſa famille, ſe fit couronner par le Pape en l'année 755. afin de ſe ſervir du credit que dés ce tems là le Pape avoit és Egliſes Chrêtiennes; & afin de l'obliger davantage à ſoutenir ſes interêts il lui donna l'Exerchat de Ravenne, & la Romagne, deſorte que le Pape & Pepin s'obligerent l'un l'autre de cette maniere. Car il eſt à remarquer que le moindre Evêque de France pouvoit auſſi legitimement couronner Pepin que le Pape Zacharie, & lE'xerchat n'apartenoit point au Roi, mais à l'Empereur, du quel pour adoucir l'indignation *, le Roi fit cette donnation au nom de Conſtantin, mort il y avoit plus de trois cens ans.

Ce que j'avance pour faire connoître à vôtre Sainteteté que la grandeur

* Paul Æmile, du Tillet & autres.

deur des Papes procede de la liberalité des Rois T. C. & que vous fer-
tiez bien ingrâts fi vous le mes-con-
noiffiés. Enfin Pepin changea les
ceremonies de l'Eglife Gallicane,
& introduifit les Romaines par l'en-
tremife de Remy Archevêque de
Reins.

INNOCENT XI.

Voyons la fuite?

MAZARIN.

En l'année 776. Charlemagne
paffa en Italie, fubjugua Didier Roi
des Lombards, le prit prifonnier &
l'emmena à Liou, & peu de tems
aprés étant prié par le Pape Leon,
de le vouloir delivrer de la main de
Campul, & Sylveftre fes ennemis; il
y alla, & par ce moyen il fe fit couronner Empereur, & confirma au Pape la
donnation du Roi Pepin fon pere, &
depuis ce tems-là, par tranfaction
entre le Roi & l'Empereur l'Empire fût partagé & celui d'Occident
demeura à Charlemagne, lequel ue
voulut pas approuver les decifions
du Synode Grec, mais fit un livre
intitulé, *Traité de Charlemagne contre le Synode Grec, touchant les Ima-
ges*, qui fe voit encore aujour'dhui.

Et

Et ce qui eſt deciſif pour nôtre queſtion, c'eſt que le Roi ſe maintint par
ce moyen en la poſſeſſion de faire des
loix pour l'Egliſe dont il y en a pluſieurs au livre inſcript, *Capitu-
laires de Charles le Grand.* Et à l'exemple de Pepin ſon pere qui avoit
convoqué un Concile à Bourges,
lui auſſi en convoqua pluſieurs en
divers endroits de ſon Royaume, à
Mayence, à Tours, à Reins à
Chaalons, à Arles, & le ſixiéme
le plus celebre de tous fut à Franc-
fort, auquel il aſſiſta en perſonne,
fit condamner l'erreur de Felician,
& le Concile de Nice. *Or il eſt
neceſſaire de remarquer en cet endroit, que l'election des Evêques,
même de celui de Rome, étoit ſu-
jette à la confirmation de l'Empereur, & à faute de ſon inveſtiture, ils
n'euſſent point été conſacrez, comme portent les † Canons, où ſe lit la
confirmation de St. Ambroiſe par
l'Empereur Valentinian. De cèt
ancien droit commun aux Empereurs, vient que Charle-magne ayant
partagé l'Empire & tranſigé avec

E

l'Em-

* Sigeb. en l'an 773.
† Can. Vota. Can. Agatho. 63. diſt.

l'Empereur d'Orient, convoqua un Concile à Rome, afin de faire passer un nouveau titre en sa personne, & une reconnoissance par les Ecclesiastiques, touchant ce droit de confirmer les Evêques, qui apartenoit de toute ancienneté aux Empereurs ses Predecesseurs; d'où l'on peut voir que c'est mal à propos que les Papes ont voulu qualifier cette declaration & reconnoissance, du nom, de Privilege & faveur de Rome ou gratification faite au Roi Charles le Grand, car c'est un droit commun, ancien & divin, & alors furent dressez le Canon *Hadrianus*, & depuis celui qui se commence * *in Synodo.*

INNOCENT XI.

Mais le Cardinal Bellarmin n'a-t-il pas prouvé le contraire, & n'a-t-il pas savamment soutenu que le droit des Empereurs & Rois est fondé sur les bonnes graces des Papes, & qu'ils n'en peuvent user que tant qu'il leur plaira.

INNOCENT XI.

Il est vrai, mais la Doctrine de ce Jesuite est erronée & tout-a-fait contrai-

---

* *Can. Hadrianus Can. In Synodo* 63. *distinct.*

traire aux Canons ainſi que je viens de le faire voir, & comme je le prouverai encore dans la ſuite.

INNOCENT XI.

Voyons donc la ſuite.

MAZARIN.

Nous avons donc montré comment les Rois T. C. ont maintenu leurs droits pendant les deux premieres Races, auquel tems on ne publioit dans les Chaires point d'autre doctrine que celle des Canons Anciens, qui porte *que c'eſt une paction* * *generalle de la ſocieté humaine d'obeïr au Prince* : Laqu'elle on confirmoit par l'exemple du Roi d'Iſraël qui commanda à Hilkija Souverain ſacrificateur , & par le témoignage de St. Hierôme, diſant , *il faut être fidelles* † *aux Princes & Puiſſances ſuperieures, autrement nul ne peut eſperer ſalaire de Dieu.* Or entre tous les Rois , les Canoniſtes mêmes diſent que le Roi de France *eſt le Roi* ‡ *des Rois,* qu'il *paroit entre les*

E 2   *all-*

* *Can. qua contra 8. Diſt. 93. & in ſumma diſt. c. qui culpatur 23. q. 3. textus, & gl. cap. Si epiſc. 18. diſt.*
† *Cap. principibus 23 q. 4.*
‡ *Cardin. Clem. 1. pr. de immunis Eccl.*

autres comme l'Etoile du matin * *par-*
mi la Nueé.

Cette dignité Royalle confiderée
dans ce haut degré d'élevation, a
fait que les Canoniftes n'ont point
fait la difficulté que les Jefuites font
aujour'dhui, de reconnoître le Roi
pour *Vicaire de Jefus-Chrift* † *en fon*
Royaume, & même de le qualifier
Dieu corporel, & delegué de Dieu ‡
en terre.

Je pourois même ajoûter pour
prouver qu'il eft bien raifonnable
que les Rois T. C. foient independans de toute autre Puiffance que
de Dieu, par les marques & les ca-
racteres de Divinité qu'ils poffedent
preferablement à tous les autres
Princes temporels. Par exemple
le don de guerir les *efcroüelles, l'hui-*
le d'onction, les fleurs de lys, & lau-
riflame, au lieu que toute l'Antiqui-
té fabuleufe, où veritable, n'a don-
n   'n'un *Palladium* à Troye la fa-
meufe, qu'un *Bouclier* à Rome la
fu-

---

* *Bald. Cap. L. S. 2. de prohib. feud. alien. idem*
Confil. 415. part. 11

* *Felinus cap. cum non liceat de prafcr. Bal.*
cap. fignificantib? de off. delegati.

‡ *Bald. d. loco & de prohib. feud. a... & de*
e Conftantia.

fuperbe ; & un *figne de croix* au
Ciel, pour augure de victoire, au
bon Empereur Conftantin. Les
qu'elles prerogatives reconnuës par
les Papes, ont fait qu'Innocent IV.
accorda dix jours d'indulgence * à
ceux qui prieroient pour le Roi, &
Clement y en ajoûta cent àutres.

INNOCENT XI.

A ce fens nous n'avons donc rien
à dire fur le temporel, ni fur le fpi-
rituel des Rois de France, & felon
vous ils font tout-à-fait independans
du St fiege.

MAZARIN.

Senza dubio. Car d'autant que les
Rois de France font fi abfolus, de la
vient que leur Royaume n'eft point
compté entre les fiefs, parcequ'ils ne
rendent hommage qu'à Dieu, du-
quel feul leur Couronne releve : &
parce que toute autre fidelité pre-
fuppofe une fervitude contraire à cette Souveraine liberté, auffi les Rois
T. C. ne reconnoiffent en aucune
façon ni l'Empereur, ni l'Empire
Romain ; prerogative dont ils ont
joüi depuis Pharamond premier

E 3   Roi

Roi des François. Et ce droit leur
est d'autant plus incontestable, qu'il
a été reconnu par plusieurs Papes,
outre qu'il est fondé sur les loix na-
turelles. Par exemple on convient
qu'un bon citoyen doit preferer le
salut de sa Patrie à sa propre vie & de
ses plus proches ; aussi tient-on qu'il
faut obeïr au Roi plûtot qu'à son
Pere naturel d'autant qu'il est le
mari * & pere de la Patrie mere
commune des habitans. D'où il
sensuit que le Cardinal Bellarmin
établissant une autre puissance temporelle que celle du Roi, sur son
Royaume, qu'il fait les Papes adul-
teres temporels. Or de cette raison
fondamentale, ancienne & naturelle,
vient cette decision que, , *si un Prelat est appellé par son superieur, &
par le Roi en même tems, il doit obeïr
† au Roi plûtot qu'au Prelat.* Le même est dit d'un Evêque tenant fief du
Roi, car il lui doit obeissance plûtot qu'au Pape même , selon qu'en
seignent les docteurs anciens contre

* Lucan Pater Urbique maritus Plutar. in
institut. Trajani.
† Can. Si Episcopus 18. dist. C. de reb. 12.

tre la nouvelle opinion. Et parce
que l'on definit la Loy, * *une ordonnance du Souverain*, il n'apartient
qu'au Roi d'en faire, où de les abro-
ger dans tout son Royaume. Car
qui est ce qui a le plus d'interêt de
veiller pour tous les membres, que
celui qui en est le Chef?

INNOCENT XI.

Pour refuter ce que vous venez
d'avancer, je vous allegue le Canon, *Ego Ludovicus*, où il est prouvé que la coûtume des Rois est d'envoyer aux Papes leur promettre une
amittie de spirituelle filiation.

MAZARIN.

Cela ne prouve rien parce que
cette deference ne regarde simple-
ment que la charge de Pasteur, qu'exerce le moindre Curé, avec autant
de pouvoir que le premier Evêque.
Mais quand au Souverain Pontife, il
est obligé incontinent aprés son
élection d'envoyer, les articles de sa
Confession au Roi, qui a droit
de la faire examiner par la Sorbonne, reconnoître si elle est Ortho-
doxe, selon ce qui fut pratiqué par
les Papes Pelagius & Boniface VIII.

E 4

és

* *Bald. C. i. de Constitut. C. constitut. 2 dist.*

és regnes de Childeric & Philippe le
Bel. De cette Puissance souveraine,
fondée en droit humain, divin, & ancien, s'ensuit que le Roi T. C. peut de
sa propre autorité sans le consente-
ment du Pape, * imposer tribut sur les
Ecclesiastiques , quoique les Papes
pretendent que le seul Roi de France
ait ce droit qu'ils apellent privilege ;
mais quand cela seroit ainsi, ce
droit est toûjours irrevocable , étant
attaché au bien public , & non pas à
la personne; outre que cette impo-
sition se prend par le Roi non-seu-
lement sur le temporel sujet de sa
nature à la defence du public , mais
aussi sur le reste du revenu Ecclesiastique , selon que le Roi Loüis
XII. leva la dixiéme des fruits des
benéfices , au tems d'Alexandre
VI. en l'année 1498. Autant en fit
le Roi François I. en l'année 1630.
au tems de Clement VII. C'est
pourquoi la * glose de la Clemence
dit que cela se pratique ordinaire-
ment en France.

INNOCENT XI.

*Mazarini , Mazarini , voi chete
buono franchezze.* M A-

* Bonif. in bulla in serta in lib. liliol de qna
• . ssrral &c.
† Clem. si beneficiorum.

M A Z A R I N.

Aspettato uno poco. J'ajoûte au contraire à ce que je viens de dire à l'avantage des Rois T. C., que les Papes ne peuvent impofer, ni lever aucun fubfide fur les benefices : C'eft pourquoi la glofe du Decret *des Annates* raporte que le Roi Louïs XII. & fes Succeffeurs ont defendu de telles levées : Et le Roi Charles V. en fit donner Arrêt contre le Pape Benoift III. Outre cela le Procureur General du Roi obtint un pareil jugement, l'an 1463. fous le regne de * Loüis XI. lequel convoqua plufieurs Prelats, ce qui fut auffi pratiqué fous le regne de Philippe le Bel. Et quoique felon l'opinion de vôtre Sainteté, nul Laic puiffe difpofer des chofes fpirituelles, non pas même en faveur de l'Eglife, tant s'enfaut que vous leur accordiés le droit de les poffeder ; toutefois le Roi T. C. peut & l'un & l'autre, ainfi qu'il a été reconnu au Concile de Bâle , † titre des Annates. Auffi felon Guaguin ce droit de conferer les benefices eft tellement Royal, qu'il

E 5   n'y

* *Guag. lib. 9. C. 3. & lib. 7. Cap. 3.*
† *Guag. lib. 7. C. 3. Cap. 2. de Decimis.*

n'y a rien au Royaume qui apartien-
ne mieux au Roi ; & cela non point
en vertu de l'onction, car nonob-
ftant icelle il demeure pur Layc felon la Doctrine des Canons ; c'eft
pourquoi le confentement du Roi
eft neceffaire és élections des Prêlats avant qu'ils foient confacrez.
Sur ce droit commun , ancien &
divin propre à tous Rois font fondez les Arrêts des Parlemens.

INNOCENT XI.

Si vôtre Eminence foûtient avec
tant de chaleur les droits du Roi T.
C. il n'y a qu'a conclure tout d'un
coup pour abreger, qu'enfin le Roi
de France eft Pape lui-même dans
fon Royaume, qu'il a la puiffance
de lier & de delier, & que par confequent, il n'eft point obligé de reconnoître la Religion Romaine,
mais qu'il peut lui-même fi bon lui
femble former une nouvelle Secte
qu'on apellera la Religion de Louïs
le Grand.

MAZARIN.

Piano, chi va piano fantiffimo Pa-
dre, va fano. Je prie donc vôtre
Sainteté de me vouloir permettre de
l'éclaircir à fonds des droits *del figlio*
mio,

mio, je me perſuade que par là je ferai connoître à vôtre Sainteté qu'elle n'a pas eu raiſon de diſputer au Roi T. C. les droits de la Regale auſſi bien que les antres prerogatives qui ont été concedées à ſesPredeceſſeurs par les autres Pontifes, & que l'opiniatreté que vôtre Sainteté a fait paroître pendant tout le cours de ſon Pontificat a été trés mal fondée.

INNOCENT XI.

Voyons donc la ſuite de vôtre diſcours.

MAZARIN.

J'ajoûterai donc à ce que je viens de dire, qu'outre la Collation, le Roi T. C. peut tenir des benefices & * les poſſeder, & de fait il eſt qualifié Chanoine de St. Hillaire à Poitiers, de St. Martin à Tours, Angers & Mans. Et quoique le Roi ne reçoive aucun Ordre les † Canoniſtes neantmoins tiennent que leRoi Trés-Chrêtien peut exercer la Charge de Soûdiacre, & que Charles VIII. en uſa ainſi le Pape celebrant.

E 6   Auſſi-

* *Paver in repetite §. quia vro Coll. 3. Cap. ex tirpand, de prabendis.*
† *Gl. Cap. Valentinianus 63. diſt.*

Auſſi precede-t-il tous ſes *Prelats ſelon que tiennent Panorme & Inno-cent, même ils lui doivent homma-ge lige† qui porte fidelité envers & contre tous ſans exception. Et pour montrer que c'eſt en qualité d'Evê-ques qu'ils ſe ſoumettent, c'eſt que faiſant le ſerment ils ont ‡ l'Eſtole au çol, la main ſur l'eſtomac & l'E-vangille devant eux. Mais les Laics rendent leur hommage à genoux & les mains jointes. Pour la même raiſon ils doivent auſſi aſſiſter le Roi en tems de guerre, outre cela ils peuvent être deſtituez de leurs fiefs pour felonie. Auſſi n'apartient-il qu'au Roi de leur donner grace en matiere de crime, ni de reformer l'Egliſe, faiſaint pour cet effet aſ-ſembler ſes Princes, & les Prêlats, ſans que l'autorité du Pape y ſoit re-quiſe, comme raporte Vinc-Cy-gant, diſant avoir reçû des lettres du Roi, avec le commandement de reformer les Cordeliers de la grand' Manche; de la il faut conclure que le

* Pan C. verum de ſe … Innoc Cap. No. verunt de ſententia excommun.
† C. mlnus & ibi Pan. dein rejur. item ſuper.
‡ Gl. V. Corporalis eſt circa de Elect. lib. 6. ſe-cundum Pan.

le Roi feul , ainfi que le remarquent les Docteurs * Canoniftes eft vicaire & Lieutenant General de Dieu dans fon Royaume , *habens vim Apoftoli,* ayant même droit d'excommunier. Et quand à fa perfonne & à fes fujets, le Pape ne les peut ni excommunier, ni anathematifer, ainfi que le confeffent même, Clement V. & Jean XXII. Papes.

INNOCENT XI.

Par qu'elle raifon font-ils donc exems des foudres du Vatican?

MAZARIN.

Cyguant en donne la raifon † titre de Hoftienfis, favoir, *que Dieu eft le mieux fervi & reveré en France, & que la Maifon de France eft Sainte en foi & en œuvres.* Et d'autant que la famille jouït des mêmes droits que fon ‡ Seigneur, de la vient que les Officiers & les Miniftres du Roi, ne peuvent non plus être anathematifez par les foudres des Papes. C'eft pourquoi Charles V. l'an 1369. fit inhiber par Lettres Patentes à tous

E 7   Pré-

* ……è novo jure l b. 2. Regal. qui……profog. & gl. v. du cibus 33. dift. …

† Cyguar traćt. de faćtis princ.
‡ Cap. Ecclefia l. 2. q. 81.

Prélats & Officiaux de faire ou prononcer cenſure ou excommunication venant de Rome , és Villes &
lieux de ſon obéïſſance. Et Charles
VII. auſſi par Lettres Patentes du 2.
Septembre 1440. manda à la Cour,
du Prevot de Paris & autres Juges
la même choſe. Par tous ces témoignages , il ſe voit clairement que vôtre Sainteté étoit mal fondée lorſ-
qu'elle excommunia le Marquis de
Lavardin ; que les Droits de Regal-
le & autres dont les Rois de France ſont revetus leur apartiennent par
droit divin & l'uſage qu'en ont fait
les Patriarches , les Rois de Jeruſa-
lem la primitive Egliſe, Conſtantin,
Juſtinian , Charle-magne & leurs
Succeſſeurs juſques à ce jour. Con-
ſequemment , que l'on l'appelle mal
à propos privilege de l'Egliſe Gallicane, ou cas privilegié, car ce ne
ſont point des faveurs de la Cour
de Rome, mais des dons de Dieu,
ce n'eſt point un affranchiſſement,
c'eſt une ingenuité naturelle de l'E-
gliſe Chrêtienne, avant qu'il y eut
Pape ni même d'Evêque à Rome,
& cela ſuffit pour rendre ces droits
inconteſtables aux Rois T. C.

IN.

INNOCENT XI.

Quoi qu'il en foit, comme la poffeffion de ces droits a été fortement difputée aux Rois de la troifiéme Race par mes Predeceffeurs. Je me fuis vû obligé de les foûtenir, la gloire & l'interêt du St. Siege m'y engageoient, & tant qu'il a plû à la divine providence de me laiffer dans le monde, je me fuis declaré l'ennemi irreconciliable du Roi T. C. je l'ai même menacé de l'excommunier, s'il ne me rendoit une obéiffance filialle & s'il ne reconnoiffoit mes Brefs, pour fouffrir qu'ils fuffent executez dans toute leur étendüe & vigueur.

MAZARIN.

Je ne fçai fi vôtre Sainteté, avoit tout le droit, qu'elle s'imagine d'en ufer ainfi, comme je viens de le faire voir, attendu que les premiers attentats des Papes, contre l'autorité des Rois de France, ayant commencé en la troifiéme Race, l'hiftoire remarque qu'ils fe font neantmoins maintenus en leurs droits jufques à prefent, témoin ce qui fe paffa au couronnement * d'Hugues Capet, le-

* Platine & autres.

lequel aprés avoir été reconnu Roi
par les Etats, & les loix du Royaume, alla droit à Reims pour se faire
sacrer sans se mettre en peine de l'a-
probation du Pape Jean XII. qui
voulut dans la suite vanger le mepris
que Hugues Capet avoit fait de son
autorité. Cependant comme Hugues Capet étoit un bon Prince, il
ne poussa pas les choses about. Mais
l'Empereur Henri en usa bien autrement, car étant venu à Rome, il
deposa Jean XII. qui étoit un monstre dans l'Eglise, fit élire Leon VIII.
en sa Place par le Concile qu'il fit as-
sembler, & voulut ensuite que Leon
VIII. reconnut les droits qui étoient
dûs à Sa Majesté Imperiale suivant
les Canons. Je pourois encore raporter ici ce qui se passa en l'année
1320. au sujet des demelez qu'eut
Philippe IV. dit le Bel avec le Pape
Boniface VIII. lequel écrivit au Roi
en ces termes. * *Nous voulons que tu
sçaches que tu es nôtre sujet tant au spirituel qu'au temporel.* Le Roi lui fit
la reponse qui suit, *soit avertie ta très-
grande sotise & esgarée temerité qu'ès
choses temporelles nous n'avons que Dieu
pour*

* *Annales Nicolas Ciles.*

pour superieur. Cependant le ressentiment de Philippe IV. ne se borna
pas-là, car ayant commandé à un
Seigneur de Languedoc Albigeois,
de la Maison de Nogaret de se saisir
de ce * Pape, il l'enferma dans une
prison, où il finit malheureusement
ses jours. Ces exemples & un grand
nombre d'autres, que nous pourions
raporter suffisent pour prouver que
la France, n'étoit pas tout-à-fait si
mal fondée, lorsqu'elle vous a voulu disputer l'autorité que vous pre-
tendez sur le temporel des Rois.

INNOCENT XI.

*Mazarini voi chete troppo franchez-
ze.* Mazarin vous étez trop François pour parler autrement, & je ne
suis pas surpris que vous vous inte-
ressiés si fort à justifier la conduite de
la France. Quoique vous ne soyez
que trop persuadé, que s'il y a eu
des Princes qui nous ont disputé les
droits, qui nous ont été de tout tems
acquis, & qui nous sont incontestables, ce n'est tout au plus que dans
le tems des Schismes.

MA-

* C'est de lui qu'on a dit, Il est entré au Papat,
comme un Renard, à regné comme un Lion, &
est mort comme un Chien.

MAZARIN.

Je n'entre point dans cette difcution, parce que cela nous meneroit
trop loin : Mais je fçai qu'il s'eft paffé de regnes où les Rois de France,
n'ont guere fait de cas des droits des
Souverains Pontifes, non plus que
des foudres du Vatican. Temoin ce
qui eft raporté de François le Grand,
ce Prince avoit fûr les bras l'Empereur, le Roi d'Angleterre, le Duc
de Milan, & plufieurs autres Ennemis, & quelque excommunié qu'il
fut, cela n'empêcha pas qu'il ne dit
hardiment. *Que s'il étoit contraint
d'aller en Italie, querir fon abfolution,
qu'il iroit fi bien accompagné, qu'on
l'envoyeroit au devant de lui.* Quel
traitement fit-on aux Legats du Pape
Benoît, qui furent contraints de
voir dechirer leurs Bulles devant le
Palais en confequence de l'Arrêt,
qui avoit été rendu par le Parlement
fous le regne de Charles VI. * ce qui
fe paffa en l'année 1408. le 29. de
Juillet. Revenons à Boniface dont
la Bulle fut en prefence du Roi, jet-
tée dans le feu par le Comte d'Ar-
tois, fes Nonces furent conftituez
pri-

* *Papon Arreft. lib. tit. 5. Arrêt 27.*

prisonniers , & l'on fit defenses de porter de l'argent à Rome, ni de s'y pourvoir d'aucuns benefices. Outre cela le Roi ayant fait transferer le fiege du Pape à Avignon, il y demeura soixante & quatorze ans, pendant lequel tems il y eut six Antipapes, trois en même tems , qui furent tout trois déposez par Sigismond Empereur. Et le Pape Jean XXII. ne fut-il pas aussi deposé pour avoir mal à propos excommunié l'Empereur Loüis de Baviere. Et du depuis sous le Regne de Loüis XI. le Pape Eugene , se voulant formaliser de la Pragmatique Sanction dressée au Concile de Bâle., le Roi n'usa t-il pas du remede souverain, dont ses Predecesseurs s'étoient servi dans tous les demelez qu'ils avoient eu avec la Cour de Rome , car il fit defense de porter de l'argent à Rome. Et afin que vôtre Sainteté sçache que ce n'est pas peu de chose que cela, c'est qu'il fut trouvé que le Pape tiroit de la France un * million d'or par an , qui eſt le tribut que les Romains levoyent de toutes les Gaules ; ces belles & bonnes sommes valent s'il me

* *Suet. in vita Julii Cæſaris.*

me femble bien la peine que les Papes menagent un peu la France, & qu'ils n'en viennent jamais à des fi facheufes extremitez, que de rompre avec elle. Je conclus donc que vôtre Sainteté n'a pas été bien confeillée quand elle à porté les chofes fi loin. Mais paffons aux autres évenemens.

INNOCENT. XI.

Quant aux évenemens arrivez dans l'Europe, *del mio tempo*, je vous dirai qu'ils font en fi grand nombre que je fuis perfuadé qu'il n'y a pas eu de fiecle fi fécond en prodiges, ou plûtôt en tromperies, perfidies & mechancetez. *Voftro figlio fempre perfido & fempre furbo*, enleva à l'Empire la ville de Strasbourg, en l'année 1681. fous pretexte qu'il ne faifoit rien qu'en execution des Traitez de Munfter & de Nimegue ; quoique toute l'Europe fçache trésbien que fes droits fur cette Place, n'avoient point d'autre fondement que l'ambition, & l'avidité infatiable qu'il à toûjours eu de ravir le bien d'autrui. Le Marquis de Louvois *uno furfante* fut celui qui fe chargea de cette Negociation, & par le moyen

moyen *del lo fplendore del Louïfe fran-chezze*, il corrompit les Magiftrats, & les porta à la livrer entre les mains du Roi fon Maître.

MAZARIN.

Si j'en dois croire le raport de Colbert avec qui je m'entretenois il y a quelques jours, Strasbourg a été de bonne prife pour le Roi. Parcè difoit-il, qu'étant une ancienne dependance de l'Alface, elle n'avoit pû être demembrée de cette Province, fans un notable prejudice pour le Roi T. C. en confequence de la ceffion qui lui avoit été faite de l'Alface par les Traitez de Munfter, & de Nimegue, qu'ainfi par droit de reünion cette Capitale lui devoit apartenir.

INNOCENT XI.

Il fcelerato Colbert, à mal informé vôtre Eminence, parce qu'il eft reconnu de toute la terre que cette Ville a été libre, & independante depuis plus de deux cens ans, & que le Roi T. C. lui même la reconnuë pour telle jufques au jour prefent, ainfi que l'experience la fait voir. Mais que dira vôtre Eminence de la ville & forterefle de Cafal, *la fbarra & la*

& la porta della Italia. Le Roi T. C.
pouvoit-il en bonne conscience l'a-
cheter du Duc de Mantouë sans l'a-
veu de l'Empereur, puisqu'elle est un
fief de l'Empire, la Bulle d'Or ne l'y
obligeoit-il pas. Mais *vestro figlio,*
un huomo fatto ad ogni cosa, se mocquant de toutes ces formalitez, fit
compter deux millions cinq cens
mille livres, & s'en empara sans se
mettre en peine si cela deplaisoit à
l'Empereur ou non. La suite à bien
fait voir à tous les Princes Ultramontains que si le Duc de Mantouë,
avoit vendu sa liberté en vendant la
capitale de ses Etats, ils n'avoient
qu'à se preparer à subir bientôt aprés
le joug de la France. Effectivement
le Roi T. C. s'étant rendu Maître
de la barriere qui les mettoient à l'a-
bri de son ambitieuse domination,
n'a fait dans la suite que troubler le
repos de l'Italie, & je ne pense pas
qu'il y ait de Prince, d'Etat ou de
Republique à qui il n'ait fait des nouvelles affaires, témoin le Duché de
Milan, la Republique de Genes, &
l'Etat Ecclesiastique dont j'ai ressen-
ti les plus cruëls effets tout le tems
de mon Pontificat. J'en appelle à
té-

témoin tous les Cardinaux du Sacré
College nos Confreres. Je vous demande si aprés tant d'outrages fanglants, nous avons eu sujet d'être
amis de cette Couronne, & si je n'é-
tois pas en droit de l'excommunier,
& de lancer sur sa personne les plus
terribles foudres du Vatican, *ma uno
poco di patientia.*

MAZARIN.

Ma mio Santissimo Padre. Mais je
vous prie Sainct Pere, que ces ressentimens particuliers n'interrom-
pent point le recit, & la suite de tant
d'évenemens, que je vous suplie de
m'aprendre.

INNOCENT XI.

Je ne sçaurois qu'avec une extrê-
me douleur satisfaire à vôtre curiosi-
té, & quand je repasse dans mon esprit tant de perfidies, de Traitez rom-
pus, des Paix violées, & de cruels
outrages, dont toute la Chrêtienté
gemit presentement, je suis dans
des peines plus cruelles que celles de
l'Enfer. Pour revenir donc à nôtre sujet, puisque vous le souhaitez, nous
dirons un mot des Duchéz des deux
Ponts, & de Montbeliard. Le Roi
T. C. ayant erigé la celebre Cham-
bre de Justice de Mets *questo monstro
che*

che diuora & inghiotte tutte ; monftre qui devore & engloutit tous les Etats qui font à fa bienfeance , l'on fit fignifier au Prince de Montbeliard & au Roi de Suede qu'ils devoient rendre foi, & hommage à la France, parce que ces deux Duchez étoient fiefs mouvants de l'Evêché de Mets ; & parce que ces deux Princes refuferent de fubir l'efclavage de la France , fans autre formalité, ils en furent depoüillez. Le Roi T. C. en revetit le Prince de Birkenfeld , qui n'eut pas de la peine à fubir le joug de dependance & de foumiffion, pour des Etats qui ne lui apartenoient pas , & dont le Roi T. C. lui faifoient prefent , ainfi voilà *il Re vestro figlio, fempre perfido & fempre ingannatore.*

MAZARIN.

Ma Santiffimo Padre Odefcalchy. Mais St. Pere fi je ne me trompe, il me femble d'avoir entendu dire à Colbert *mio benevolo amico,* que le Roi T. C. n'avoit point eu d'autre deffein dans cette affaire que celui de conferver ces deux Duchez, jufques à ce que le Roi de Suede, & le Duc Adolphe fon Oncle fe fuffent reconciliez , & euffent terminé les diffe-

differents qui étoient en queſtion , &
qui faiſoient qu'on ne ſçavoit à qui la
Duché des Deux-Ponts devoit apartenir. Cela étant ainſi le Roi T. C.
n'a pas eu tout le tort que vous lui at-
tribuez , puis qu'il s'emparoit d'un
bien qui n'avoit point de Maître.

INNOCENT XI.

O ! *buomo dà bene* , ô ! l'homme de
bien. Si cela eſt ainſi d'où vient donc
que le Roi T. C. ne la pas rendu à
celui à qui il apartenoit, lorſque les
differens de ces deux Princes ont été
terminez ? & d'où vient qu'il en a fait
preſent au Prince de Birkenfeld ;
quel droit avoit-il de donner à un autre , un bien qui ne lui apartenoit
pas ? Avoüez donc avec moi, que
l'ambition inſatiable de ravir le bien
d'autrui a fait agir dans cette affaire ,
*il veſtro figlio ſempre perfido & ſempre
furbo.*

MAZARIN.

Mais voyons la ſuite ?

INNOCENT XI.

La ſuite ne veut pas plus que le
commencement , & ce Prince *
hombre para todo , ne reſpectant ni
Dieu, ni Diable, m'attaqua de nouveau ,

F

* En Eſpagnol, *qui eſt à tout faire.*

veau, & me declara en l'année 1681.
la plus cruëlle guerre qu'aucun Prince Chrêtien, ait jamais fait contre aucun Prince spirituel. Je veux dire que l'Archevêque de Paris Esclave s'il en fut jamais, lorsqu'il s'agit de sacrifier les interêts de l'Eglise à ceux du Roi son Maître, se mocquant de mes Brefs, par lesquels je disputois à cette Couronne les Droits de la Regale, fit bien voir par la conduite qu'il tint aprés la mort de l'Evêque de Pamiers, & au sujet des Religieuses de Charonne, qu'il étoit Pape en France, tandis que je l'étois à Rome. Mais pour ne plus entretenir vôtre Eminence sur des faits qui me regardent personnellement, vous ayant déja assez fait connoître, combien j'ai sujet de me plaindre des outrages que j'ai reçû du fils aîné de l'Eglise, je dirai seulement pour faire l'éloge de cette conduite, que tandis que *il figlio vestro sempre perfido & sempre * calvitroso*, attaquoit ainsi le Saint Siege, & me persecutoit à outrance, témoin les larmes que j'ai mille, & mille fois versées dans le giron de l'Eglise, d'un autre côté pour

* *Remuant.*

pour se reconcilier avec cette Sainte
Mere, ou plûtôt pour tromper tous
les fidelles Chrêtiens, & faire illu-
sion à toute la Chrêtienté, il faisoit
souffrir aux Religionnaires de son
Royaume les maux les plus cruëls,
& les plus barbares ; conduite qui
faira honte dans les siecles à venir à
tous les Princes qui porteront le nom
de Trés-Chrêtien, & de fils aîné de
l'Eglise. Je ne m'étendrai point à
vous faire le recit de toutes les mise-
res qui suivirent la revocation de
l'Edit de Nantes, parce que je suis
persuadé que les Ames d'un grand
nombre de ces malheureux, qui ont
passé le fleuve, n'auront pas manqué
de vous en instruire, & même de
vous reprocher en face, comme il
le disent tout haut dans le monde,
que vous étes *il monstro abominevole*,
dont leur Monarque a apris tant de
belles choses. J'ajouterai seulement
ici que je ne l'ai jamais aprouvé,
quoique le Roi T. C. fit sonner bien
haut son zelle, & que l'Avocat Ta-
lon dit en plein Parlement que ce
Monarque venoit de reünir plusieurs
millions d'Ames à l'Eglise, & l'E-
vêque de Maux ajoûtoit *admirez*

F 2   Chrê-

Chrêtiens ces voyes de Lis & de Roses,
dont Sa Majesté vient de se servir pour
la conversion de tant d'heretiques. Je
demande à vôtre Eminence , quel
raport il y a des Apôtres qui ont prê-
ché l'Evangile , & converti les peuples par la douceur & l'humanité , à
des Dragons qui tenant le flambeau
d'une main , & l'épée nuë de l'autre
ont été les Ministres de cette detestable Mission : Que ! des Blasphemes :
Que ! des Sacrileges , j'ai horreur
quand j'y songe. Cependant le fils
aîné de l'Eglise me faisant soliciter à
Rome par ses Ambassadeurs de
vouloir soûcrire à toutes ces crüautez , sur le refus que j'en fis , il m'a
traité de Partial , de Moliniste , de
Schismatique , de Janseniste , & même de Huguenot.

MAZARIN.

Mio Santissimo Padre , nous n'aurions jamais fait , s'il falloit examiner à fonds les demelez particuliers ,
que vous avez eu *con figlio mio.* Je
vous ai déja expliqué mes sentimens
la dessus : *& la ostinatione di vostra*
Santità , a été la source de tous ces
emportemens. Passons je vous prié
aux autres évenemens. Le tems qui
nous reste est court.   In-

INNOCENT. XI.

Toute l'Europe se flatoit, aprés
la Paix de Nimegue que, *il figlio vestro*, aprés avoir uni au Domaine de
la Couronne de France, tant de
beaux Etats, & de belles Provinces,
que les Princes liguez avoient été
contraints de lui ceder par ce Traité:
Que rassasié dis-je de tant de Conquêtes, il donneroit enfin des bornes à son ambition; mais comme il
est né insatiable, l'experience nous
fit voir en l'année 1683. que cette
passion ne devoit finir qu'avec son
regne. Ainsi *sempre perfido & sempre
volontarioso d'honore*, il declara la
guerre à l'Espagne, fit entrer ses Armées sous la conduite du Marechal
d'Humieres dans les Païs-Bas, s'empara de Courtrai, & fit porter le feu
& la desolation jusques aux portes de
Mons, en réduisant en cendres tous
les villages, & même ceux qui étoient
au de la de Bruxelles.

MAZARIN.

Mais l'Espagne n'avoit-elle pas elle même déja donné lieu à tous ces
desordres.

INNOCENT XI.

Quand la Cour d'Espagne en por-

ta

ta fes plaintes, *il veftro figlio*, n'eut
point d'autre raifon pour juftifier fa
conduite, fi ce n'eft que le Gouverneur des Païs-Bas avoit commis des
hoftilitez fur fes fujets, pretexte
d'autant plus chimerique, que les
Efpagnols laffez de la guerre prece-
dente ne fongeoient à rien moins
qu'à donner des nouveaux ombrages
à la France; mais comme le Proverbe dit qu'Avignon eft, *il culo del
Papa;* la Principauté d'Orange, *il
culo* des Princes de ce nom, il me
femble que l'on pouroit auffi dire que
les Païs-Bas font le cu des Rois d'Efpagne, de forte que quand les Rois
T. C. ont envie de foücter les Princes de cette Maifon leur ennemie irreconciliable, ils s'en prennent d'a-
bort aux Païs-Bas Efpagnols leurs
plus proches voifins. N'étoit ce pas-
là un beau pretexte pour renouveller
la guerre, & rallumer des torches
qui fumoient encore & qui n'avoient
été éteintes que depuis trois ans, aprés
avoir ravagé toute la Chrêtienté depuis l'année 1672.

MAZARIN.

Si cela eft ainfi, j'avoüe, *che il figlio
mio*, avoit une terrible demangeai-
fon, *del mancare di fede.* IN-

INNOCENT XI.

Ma aspettato uno poco, mais un peu de patience. A peine ce feu fut éteint, que l'année suivante le Roi T. C. le ralluma par des nouvelles entreprises, qu'il forma sur l'importante ville de Luxembourg la Clef de toute l'Allemagne ; & tandis que tous les Princes de l'Europe se reposoient sur la bonne foi du derniere Traité, *il monstro del ambitione che non è mai satio*, se reveilla. De sorte que ce Monarque ayant fait marcher une puissante Armée, sous le commandement du Maréchal de Crequy, on mit le siege devant Luxembourg, qui se rendit faute de secours dans le sein de la paix, tandis que tous les Princes Alliez de l'Espagne, qui avoient mis les armes bas, furent contraints d'être simples spectateurs de ce nouvel attentat, qui portoit un coup mortel à leur liberté.

MAZARIN.

A propos de ce siege, je me resouviens d'avoir eu quelques momens de conversation sur les bords du Stix, avec le Marquis d'Humieres fils du Maréchal, je le rencontrai comme il venoit de passer la Bar-

F 4   que,

que de Caron , & lui ayant demandé
quel étoit le sujet , qui lui avoit fait
quitter le monde à la fleur de son age,
il me repondit par des soupirs,que c'é-
toit bien malgré lui, mais que la gloire du Roi mon fils, & sa propre fortune l'ayant porté à s'exposer un peu
trop au siege de cette place, cela lui
avoit coûté la vie ; qu'enfin il avoit
quitté le monde en laissant son pere
dans le dernier accablement de l'a-
voir perdu , & que son affliction étoit
d'autant plus grande & plus sensible ,
qu'il étoit le fils unique de sa famille.
Je lui fis plusieurs questions sur l'état
auquel il avoit laissé les affaires de
la Chrêtienté , mais le Dieu des Enfers lui ayant envoyé ordre de se rendre promtement à la Cour Infernalle , nous fumes contraints de nous
séparer , & du depuis je ne l'ai pas
revû. Je mourois cependant d'envie d'aprendre de lui les particulari-
tez de ce siege , & les motifs qui
avoient porté le Roi à l'entreprendre.
Mais sans nous arrêter plus long-
-tems ici , continüez je vous prié le
recit des autres Evenemens.

INNOCENT XI.
Je vous dirai donc que le Roi
T. C.

T. C. continuant ses brigandages &
ses crüautez dans les Païs-Bas Espagnols *ogni la Christianità peina di timo-*
re trembloit sous le poids de ses armes victorieuses & triomphantes, l'I-
talie même n'étoit pas à couvert de
ce foudre de guerre ; témoin le cruel
traitement qu'il fit faire à la Serenis-
sime Republique de Genes nôtre Alliée, par son armée Navalle. Car
le Marquis de Seignelay ayant eu
ordre de ce Prince de s'embarquer
à la tête d'une formidable flotte la
terreur de toute la Mediterranée,
s'avança jusques sur les côtes de cette Republique, & ayant moüillé l'en-
cre à la portée du Canon de cette
Ville avec un grand nombre de Gal-
liotes propres à bombarder, reduisit
en cendres ses plus superbes Palais ;
toute la Ville fut en feu , les Mo-
nasteres & les lieux Saincts n'en furent point exempts ; les Religieux &
les Religieuses aussi bien que les autres peuples furent contraints de se
sauver & d'aller chercher azile dans
les montagnes & les deserts ; femmes & enfans, tout étoit dans la
derniere desolation ; & quand j'y songe les larmes me viennent aux yeux.

F 5   M A:

MAZARIN.

Ma mio santissimo Padre, je ne
pense pas que *il Re Christianissimo
figlio mio*, se porta à de tels excez, si
Genoua la souperba n'eut poussé about
le ressentiment de ce Prince par
quelque crüel attentat.

INNOCENT XI.

Tutto ciò che è, c'est que cette Republique refusoit d'obéïr à ce Prince, qu'elle étoit trop puissante, &
que pour faire trembler tous les autres Etats d'Italie & rendre son nom
la terreur de cette partie de la Chrêtienté, comme il l'étoit déja du reste
de l'Univers; il falloit dis-je que cette Republique devint la victime de
son ambition & de sa cruauté, qu'elle servit d'exemple aux autres Princes Ultramontains, & qu'elle les
advertit tacitement que Loüis le
Grand étoit le Monarque Universel & le Jupiter de son siecle qui
commandoit à toute la terre ;
qu'ainsi tous les autres Princes de
la Chrêtienté trop heureux d'être ses
Vasseaux & de reconnoître *il monarchia Universale*, *di grande Ludovico* n'avoient plus qu'à vivre dans
une entiere soûmission.

MA-

MAZARIN.

Cofi, fi cela eſt ainſi , je deſaprouve la conduite *del figlio mio* dans cette rencontre.

INNOCENT XI.

Ce n'eſt pas tout ; aprés cette
Barbarie , le Roi T. C. non content d'avoir ruiné cette Republique
& de l'avoir ainſi humilliée , il voulut encore qu'elle lui fut tributaire,
& que fon Doge ſuivi de quatre Senateurs s'en vint en France lui rendre ſes tres-humbles homages ; &
quoi qu'il ſoit porté par les ſtatuts
& les loix de la Republique, que le
Doge ſortant de Genes eſt dechû de
la Souveraineté : Cependant ce
Monarque voulut que cette qualité
lui fut conſervée & qu'il fut Doge
auſſi bien à Paris qu'il l'étoit à Genes. Pour cet effet il voulut qu'il
lui parla la tête couverte, & les quatre Senateurs decouverts étant en
Robbes de Ceremonie. Aprés cette demarche qui couvrira à jamais
cette Republique de honte, & d'infamie , ce Prince renvoya le Doge, & lui dit en partant *qu'il aprit à
obéïr & à reverer les ordres du plus
grand Monarque de toute la Chrétienté.*

F 6   MA-

MAZARIN.

O! *Maraviglià. Ma santissimo Padre* : Comment se terminerent enfin les nouveaux differents survenus entre les deux Maisons ?

INNOCENT XI.

La France s'étant donc emparée de Luxembourg, comme je l'ai dit, & l'Espagne se voyant perpetuellement fatiguée par mille & mille crüautez, *per la ambitione di Franchezzi*, fut enfin contrainte de soûcrire à une Trêve de 20. ans que le Roi T. C. lui proposa ; & par ce Traité qui n'étoit qu'un leurre dont ce Prince couvroit son ambition, la Province de Luxembourg, Beaumont, Bouvines & Chimay lui furent cedez. Les Provinces Unies, aussi bien que l'Empire consentirent pareillement à la Trêve, dans l'esperance, que ce dernier Traité mettroit enfin des bornes à l'insatiabilité de ce Monarque. Toutes les Puissances de l'Europe mirent donc encore les armes bas pour la troisiéme fois, & les peuples se flattant de joüir d'un long repos commençoient à se réjoüir & à benir le jour qui venoit de reconcilier tant de Souverains, & ter-

miner

miner des differents qui étoient à la
veille de, rallumer une fanglante
guerre.

MAZARIN.

Voilà donc la Paix encore une fois
concluë.

INNOCENT XI.

Si Signore, ma per poco tempo. Car
vôtre Monarque ayant trouvé le
moyen quelques années auparavant
de s'allier *con lo Principe Mufulmano,
lo deteftabile nemico de tutti li popoli
che crede in Chrifto*, fuivant les principes que vous lui aviez donné.
Tous les Princes Chrêtiens fe virent
encore obligez de reprendre les armes qu'ils venoient à peine de quitter, pour venir au fecours *de lo Imperatore Leopoldo*, & de l'Empire, dont
la Capitalle étoit affiegée par toutes
les forces Ottomannes.

MAZARIN.

Come va la cofa? Comment cela ?

INNOCENT XI.

*Come va la cofa? per la fceleratez-
za & lo manco di fedeltà del Re Chriftianiffimo.* Car ce Monarque aprés
avoir defolé les Etats de fes voifins,
& reduit les Princes Chrêtiens qui
étoient en état de s'opofer à fes def-
F 7

feins,

feins, dans l'impuiſſance d'aſſembler des forces capables de lui diſputer le terrein, à quoi il étoit facilement parvenu, par les continuelles
infractions de tous les Traitez qu'il
avoit conclus avec eux, ainſi que je
viens de vous le repreſenter. Voyant
dis-je que tout plioit à ſa puiſſance,
& que toute l'Europe laſſe & fatiguée
de la guerre, ſe repoſoit ſur la bonne foi du dernier Traité qui étoit
celui de Nimegue, crut qu'il n'y
avoit plus de tems à perdre, & que
ſa bonne fortune l'avertiſſoit qu'il
falloit pouſſer about la roüe, en faï-
ſant éclater le Chef-d'œuvre de ſon
Regne; ce Chef-d'œuvre eſt *la Mo-*
narchia Univerſale del grande Ludovi-
co: Monſtre s'il en fut jamais, &
qui avoit été enſeveli dans l'oubli,
depuis le Regne des Charles-Quint
juſques à nos jours.

M A Z A R I N.

Per Diavolo! Comment *il Re Lu-*
dovico XIV. figlio mio aſpiroit à la
Monarchie Univerſelle?

I N N O C E N T X I.

Si Signore è coſa certa, pour certain.

M A-

MAZARIN.

Ma Come questo, mais comment
cela ?

INNOCENT XI.

Voici comment. Le Comte Te-
keli s'étant rendu incognitò à la
Cour de France, le Roi T. C. fit
un Traité avec lui, par lequel, il
s'engageoit de lui fournir l'argent
& tout ce qui seroit necessaire pour
soûtenir la guerre en Hongrie ; &
celui ci de son côté s'engagea de
persuader le Turc à porter ses armes dans l'Empire en rompant la
Trêve qui étoit entre les deux Empereurs. La revolte des Hongrois
Protestans devoit donner le premier
branle à ce monstre d'ambition.
Par le Traité qui fut fait peu de
tems aprés entre le Sultan & le Roi
T. C. il fut conclu, que la Porte
debuteroit d'abord par le Siege de
Vienne, capitale l'Empire, en faisant marcher devant cette importante Place, le boulevart de toute la
Chrêtienté, une armée de deux
cent mille Combatans ; que le Roi,
T. C. fourniroit pour cette expedi-
tion quatre millions qui lui feroient
comptez à Constantinople, par M.
de

de Chateau-neuf son Ambaffadeur,
le premier jour de la marche de
l'Armée Ottomanne ; qu'outre cela
le Roi T. C. lui fourniroit un bon
nombre d'Officiers François expe-
rimentez , auffi bien que des Inge-
nieurs , un beau train d'Artillerie &
les munitions dont il auroit befoin,
en les faifant transporter par la Mediterranée des Ports de Marfeille &
de Toulon aux havres de fa Hauteffe
à Conftantinople. Ce qui fut promtement & fidelement executé de la
part du Roi T. C.

M A Z A R I N

Mio Dio? mio fantiffimo Padre? que
m'aprenez vous là.

I N N O C E N T XI.

Ma uno poco di patientia. Aprés
ces preliminaires , il fut encore conclu , que tandis que le Sultan rava-
geroit l'Empire , & porteroit le feu,
le fer & la defolation par toute la
Chrêtienté , le Fils Ainé de l'Eglife , feroit fpectateur fur le Rhyn à
la tête d'une puiffante armée , tant
pour faire diverfion des Armes de
l'Empereur Chrêtien , que pour
donner de l'ombrage aux autres
Princes Membres de l'Empire , &
les

les empêcher par là d'aller au secours de Vienne.

MAZARIN.

Mais qu'eſt ce que revenoit à
mon fils de tout cela?

INNOCENT XI.

Molto. Ma aſpettato uno poco. Il
fut encore conclu par le même Traité de Confederation, qu'aprez la priſe de la Capitalé de toute l'Allemagne, l'Empire ſeroit pertagé entre
l'Empereur Ottoman & ſou Allié
il Re Chriſtianiſſimo. Le fils ainé
de l'Egliſe ſe reſervant en ce cas,
qu'il lui ſeroit permis de faire couronner Monſeigneur le Dauphin ſon
fils Roi des Romains, pour poſſeder
à perpetuité la partie de l'Empire
qui lui écheroit ſuivant le partage
qui en ſeroit fait, & dont on con-
viendroit dans la ſuite, aprés la re-
duction entiere de toute l'Allemagne.

MAZARIN.

Per Diauolo ? voilà des terribles
evenemens.

INNOCENT XI.

*Si ſignore : Ma anchora uno poco
di patientia.*

MA-

MAZARIN.

Compito dunque voſtro diſcorſo.
Voyons donc la fin ?

INNOCENT XI.

Tandis que cette ſanglante Tragedie ſe joüeoit ; l'Empereur qui ne ſavoit où donner de la tête, & qui ſe voyoit à la veille de perdre tous ſes Etats avec la Couronne Imperiälle; outre qu'il ne ſavoit encore rien de tous les miſteres que contenoit l'Alliance concluë entre le Sultan & la France turbaniſée , parce qu'elle avoit été tenüe fort ſecrete, ne fit point façon de s'adreſſer au fils Aiñé de l'Egliſe, en le faiſant prier de lui vouloir donner du ſecours. Ce grand Prince infortuné lui fit repreſenter la deſolation & la ruine entiere de toute la Chrêtienté, s'il refuſoit aux larmes de l'Egliſe & aux prieres preſſantes de tous les Princes Chrêtiens ſes freres, une promte aſſiſtance. *Ma il Re Ludovico indemoniato,* qui n'avoit rien en veüe que ſes grands deſſeins , bien loin de compatir aux calamitez & aux malheurs qui afligeoient l'Europe Chrêtienne, fit allumer des feux de joye,

joye, & de rejouiffance dans la capitale de fon Royaume.

MAZARIN.

Comment, il refufa ce fecours
aux larmes de l'Eglife & aux inftan-
tes prieres de tous les Princes Chrétiens, contre les infidelles ? O! *la
perfidia* O! *la fceleratezza.*

INNOCENT XI.

Nò fignore. Le fils ainé de l'Eglife eft trop bon Chrêtien & trop fen-
fible pour cela.

MAZARIN.

Come dunque : Comment donc ?

INNOCENT XI.

Come quefto. Le voici, c'eft que le
Roi T. C. fit reponfe à l'Empereur,
qu'il étoit prêt d'envoyer à fon fecours un corps de trente mille hommes, à condition que fa Majefté
Imperialle permetroit que ce corps
fut commandé par un Chef François, & qu'il agiroit feparement,
fans être divifé, ni joint au refte
des troupes Imperialles ; ne font ce
pas là des belles offres ?

MAZARIN.

Senza dubbio ; fans doute.

INNOCENT XI.

Belles en apparence, mais voyons
la

la fin & le but qu'avoit le Roi T. C.
en faisant de semblables propositions ; son but étoit de faire passer
ce corps d'Armée composé de ses
meilleures troupes dans le cœur de
l'Empire, aprés avoir donné ordre
sous main au General qui les com-
manderoit de se joindre à l'Armée
Infidelle, pour agir conjointement
avec elle à la ruine de la Chrêtienté
& de tous les Princes Chrêtiens.

M A Z A R I N.

è egli vero, est-il vrai ?

I N N O C E N T X I.

Si Signore per certo.

M A Z A R I N.

O ! *la persidia*, O ! *la sceleratez-
za.* Mais comment l'Empereur se
tirât il d'un peril si eminent ?

I N N O C E N T X I.

Avec des peines inconcevables ,
& je puis dire sans vanité avoir été
celui qui a le plus contribué à sa delivrance & à celle de toute la Chrêtienté. Car dès aussi-tôt que j'eu
appris le deplorable état où l'Empire se trouvoit reduit par le siege de
Vienne, & l'aprehention que toute
l'Europe Chrêtienne avoit que l'Empereur Turc ne s'en rendit maître ,

&

& n'arbora enfuite le Croiffant & l'E-
tendart, de l'infame Mahomet fur
toutes les Eglifes de l'Empire. Touché dis-je fenfiblement des malheurs
qui afligeoient le Chriftianifme j'é-
crivis avec des larmes de fang au
Roi de Pologne & à tous les Princes & Electeurs de l'Allemagne, pour
les exhorter à prendre promitement
les armes pour venir au fecours de
cette Capitale ; j'ouvris même les
Trefors de l'Eglife, & je repandis
à plaines mains toutes les richeffes
de St. Pierre pour lever une puiffante armée, deforte que le Roi de Pologne Prince vaillant & courageux
s'il en fut jamais, s'étant laiffé flechîr
par mes larmes & par mes prieres,
fe mit à la tete de l'Armée Chrêtienne compofée des troupes auxilliai-
res des Princes de l'Empire, & mar-
cha foutenu des Electeurs contre les Ottomans, qu'il defit par une
memorable bataille où il refta plus
de cent mille hommes fur la place;
ainfi Dieu vint au fecours de mon
fils l'Empereur Leopold, & trom-
pa les malheureufes efperances que
le fils ainé de l'Eglife avoit conçuës
de

de la totalle ruine de ce pieux & zellé Prince.

MAZARIN.

*O la cosa miracolosa ! O la gran
maraviglia !*

INNOCENT XI.

* *Maraviglia non pensata*, & qui
couvriront à jamais de honte &
d'infamie *il Re Christianissimo*. Aprés
cette signallée victoire il ne s'est jamais rien vû de plus grand & de plus
éclatant que la joye & les rejouïf-
fances publiques des peuples & des
Princes Chrêtiens qui y avoient eu
part, & qui s'étoient interessez à la
delivrance de la Chrêtienté ; comme aussi il n'y avoit rien de plus pi-
toyable & de plus lamentable que la
deroute d'un nombre innombrable
d'Infidelles dont toute la Campagne à dix lieux a la ronde étoit couverte criant à plein gosier *la alla
illba mehemet rasoul ;* apellans a leur
secours le Dieu grand, & le grand
Prophete Mahomet.

MAZARIN.

Ma santissime Padre ; aprenez moi
je vous prie, qu'elle a été la suite
d'un si grand évenement ?

* *Merveilles.*

I N-

INNOCENT XI.

Je ferois trop long, fi je voulois raporter ici tous les combats & les batailles fanglantes qui fe font encore données du depuis, auffi bien que tous les fieges, & les prifes des Villes qui ont été les fruits des travaux des Chrêtiens Victorieux, qui n'ont fait du depuis qu'entaffer conquêtes fur conquetes & remporter victoire fur victoire. Les plaines de Hongrie regorgent encore du fang des Infidelles, & c'eft-là où nos braves Imperiaux Chrêtiens ont cueili un grand nombre de lauriers qui les conduifent à l'immortalité, témoin le bravo Lorraine la gloire de fon fiecle, que vous avez fans doute rencontré dans ces lieux, lorfqu'il a paffé la Barque.

MAZARIN.

Non je ne l'ai pas vû ce pauvre Prince; aprenez moi, je vous prie, le fort fatal qui la ravi du monde à la fleur de fon age.

INNOCENT XI.

Molto piange, je verfe des larmes quand j'y fonge,

MAZARIN.

Ma ancora; mais encore, eft il
mort

mort de maladie, ou bien dans quelque combat ?

INNOCENT XI.

Nò Signore, per lo veleno, par le
poifon.

MAZARIN.

A Dios, per lo veleno? par le poifon, mon Dieu ?

INNOCENT XI.

Si Signore per lo veleno.

MAZARIN.

Cofi dunque, Comment donc ?

INNOCENT. XI.

Cofi des frippons de Moines l'ont
empoifonné, ce magnanime Prince
dans un tems où il avoit rendu des
grands fervices à la Chrêtienté, &
dans un tems où il étoit à la veille de
tentrer dans fes Etats chargé de
gloire & de lauriers qu'il venoit de
moiffonner par fes victoires fur le
Danube & fur le Rhein. La France jaloufe m'impofe filence la deffus, parlons d'autre chofe.

MAZARIN.

Cofi, la France jaloufie, *il Re
Chriftianiffimo figlio mio*, auroit-il eu
quelque part dans une fi deteftable
action

I N-

INNOCENT XI.

Per Dios, questo è senza dubbio.

MAZARIN.

O fatto maledetto.

INNOCENT XI.

Brisons là & n'en parlons plus.
Pour revenir donc au recit des évenemens qui se sont passez *del mio
tempo*, je vous dirai que le Roi T. C.
voyant que la fortune l'avoit abandonné du côté de l'Empire au milieu de sa plus belle carierre, par le
mauvais succez que les armes Ottomannes avoient eu, ne songea plus
qu'à reparer ce contre-tems (qui
venoit de faucher ses plus belles es-
perances dans un moment), par
une fermeté inebranlable, par une
politique admirable selon le monde,
& par un air de mépris & de domination qui imposoit beaucoup sur
l'esprit des peuples, semblable aux
joüeurs habilles qui ne se deconcer-
tent point pour avoir perdu une fois.
J'advoüe que cette methode est admirable, mais peu solide, tous ces
airs aparents d'une politique fein-
te, ne guerissent jamais le cœur des
allarmes mortelles, & des maux qu'il
ressent, lorsque la fortune lui fait

G   faux

faux bond, & qu'elle l'abandonne
au milieu des triomphes & de victoires, pour le couvrir de honte &
d'infamie. Je vous laisse à penser
qu'elle fut sa mortification, lorsqu'il vit arriver à Versailles le
courier qui lui aportoit une si triste
nouvelle. Il est vrai que l'irruption
des Infidelles dans l'Empire, lui
avoit déja couté bien des millions,
mais que n'auroit-il pas donné pour
se delivrer du mortel deplaisir qu'il
ressentit en aprenant leur fatalle deroute : il auroit sans doute sacrifié
son domaine, & pour le moins la
moitie des revenus de la Couronne,
pourvû cependant que l'Europe
Chrêtienne n'en eut rien sçû, car
s'est un Prince qui aime le secret, &
à qui le mal ne fait point de la peine,
pourvû qu'il soit assuré qu'il en im-
pose aux esprits credules. Qu'importe dit-il de faire du mal, pourvû qu'en
apparence je passe pour un Prince
zellé pour la Religion, pour l'ex-
tirpateur des Heritiques & le defen-
seur de la foi. O ! *mio Dio quelle Hi-*
pocrita !

M A Z A R I N.
In vero, figlio mio fa Cose grandi

& maraviglia; en verité il faut advouër que mon fils fait des choses surprenantes.

INNOCENT XI.

Si signore; ma aspettato il fine; il est vrai, mais voyons la fin. *Il Re Christianissimo,* avoit comme nous avons dit conclu une Trêve de 20. années avec l'Espagne laqu'elle fut ratifiée le 20. de Septembre de l'année 1684. C'est-à-dire quatre où cinq mois aprés la prise de Luxembourg. Les Provinces Unies se flattant de joüir d'un long repos, & d'accroitre pendant ce tems-là leur richesses, par la liberté de leur commerce que la paix rend florissant, consentirent aussi à la Trêve. L'Empereur, qui voioit ses coffres épuisez de finances, que la guerre de Hongrie lui coutoit, fut pareillement bien-aise d'acheter la paix du coté du Rhin, aimant mieux sacrifier une partie du ressentiment qui le rendoit irreconciliable pour jamais avec la France sa mortelle ennemie, que de s'engager tout à la fois à soutenir la guerre contre la Porte & le Roi T. C. son Allié; la bonne Politique vouloit qu'il usât de ce temperament

ment

ment, & qu'il temporifât avec l'un,
tandis qu'il rangeroit l'autre à la raifon: Ainfi *Lo Imporatere Leopoldo*, accablé des chagrins & des inquietudes
que la guerre du Turc lui donnoit,
fe refolut enfin à figner cette Trêve,
quoi qu'il fut bien perfuadé que la
France couvroit fous ce mafque
trompeur quelque ferpent dange-
reux, ainfi que l'experience la fait
voir.

M A Z A R I N.

Comment entendez-vous cela?

I N N O C E N T X I.

Je l'entends, en ce que, *il Re
Chriftianiffimo*, voyant qu'il y avoit
plus à gagner pour lui pendant la
Paix, que dans une guerre ouverte,
fuivant fes premieres maximes, &
la route qu'il avoit tenuë depuis la
Paix des Pirennées *fempre pigliare
& niente rendere*; qui étoit de prendre toûjours à bon compte & de ne
rien rendre, s'imagina qu'en pro-
pofant une Trêve de 20. ans à des
Princes laffez de la guerre, & qui
avoient conçû des terribles ombrages de la grandeur de fa puiffance,
s'eftimeroient encore trop heureux,
s'ils pouvoient l'obtenir, & fe delivrer

vrer pour une bonne fois, du moins
pendant cet efpace de tems, des
outrages & des querelles perpetuel-
les que ce Monarque remüant leur
faifoit. Outre que la confiance
que la plûpart de ces Puiffances
avoient, que pendant les fufdites 20.
années, il feroit arrivé quelque revolution dans l'Europe, les portoit
à fe determiner à foûcrire aveugle-
ment à ce Traité, ne doutant nullement qu'il n'arivât dans le monde
par la mort de ce Monarque, ou de
quelque autre Prince, quelque contre-tems capable d'humilier la France, & de la faire defcendre de ce
haut degré d'élevation où elle étoit
montée. Ainfi le Roi T C. n'eut
pas de la peine à les porter à l'accepter.

MAZARIN.
Ma Santiffimo Padre, eft-il poffible qu'il n'y eut point de Prince, ou
de Puiffance dans l'Europe, qui fut
pour lors en état de faire tête *à mon
fils il Re Chriftianiffimo.*

INNOCENT XI.
Nò Signore.

MAZARIN.
Come nò; comment non?

G 3   I N-

INNOCENT XI.

Nò, non. La Maison d'Autri-
che n'eſt plus ce quelle a été ſous les
Regnes des Charles-Quint & des
Philippes II ; il ne falloit pour lors
qu'un de ces Princes pour ranger à
la raiſon les Rois Trés-Chrêtiens,
au lieu que preſentement, l'union
même des deux Princes leurs Succeſſeurs ne peut rien contre la France.

MAZARIN

Come queſto, comment cela ?

INNOCENT XI.

L'un & l'autre ſont trop bons
Princes, & aiment trop le repos &
la tranquillité, ſe repoſant de toutes
les affaires de leur gouvernement
ſur le Conſeil des Miniſtres, bien
ſouvent Penſionnaires de la France,
qui ſacrifient leurs Maîtres & leurs
Etats au plus offrant, n'ayant pour
Idole que leur propre fortune, *& li
abominevole Louize di Franchezzi.*

MAZARIN.

Il faut donc qu'il regne preſentement une étrange corruption parmi
les hommes.

INNOCENT XI.

Sì grande che non è da credere. Si
gran-

grande qu'elle n'est pas croyable.

MAZARIN.

Mais du moins si la Maison d'Autriche n'étoit pas capable toute seule, de s'opposer aux attentats du Roi T. C., vous conviendrez avec moi, que comme il s'agissoit du repos de toute l'Europe, & de la conservation des Etats Voisins de la France; il étoit par consequent de l'Interêt de tous les Princes en général de former une puissante ligue, par l'union de toutes leurs forces, pour obliger le Roi T. C. les armes à la main, à tenir sa parole, & à ne point violer les Traitez qu'il avoit conclus.

INNOCENT XI.

Questo è vero, je l'avouë, & si j'avois été crû dans le commencement, comme je l'ai été dans la suite, les affaires n'en seroient jamais venuës à l'extremité où je les ai laissées en partant du monde.

MAZARIN.

Come Dunque, comment donc?

INNOCENT XI.

J'ai écrit mille fois à l'Empereur, & au Roi Catholique sur ce sujet, & je puis dire sans vanité que j'ai pris tous les soins imaginables pour les

por-

porter à ce que vous dites ; parce que
je connoissois le fonds des affaires,
& que je voyois effectivement, qu'il
n'y avoit rien au monde, qui fut capable d'arrêter ce torrent impetueux
d'ambition, qu'une puissante Confederation entre tous les Princes
Chrêtiens, attendu que l'impuissan-
ce de la Maison d'Autriche, ne permettoit pas qu'elle seule entreprit un
si grand dessein. J'ai même affecté
tout le tems de mon Pontificat,
d'entretenir quelques liaisons avec
les Princes Protestans, dans la veüe
de les faire entrer dans cette Ligue ;
aussi pendant mon regne, on ne faisoit point difficulté de m'appeller le
Pape des Huguenots, & les Huguenots reciproquement m'appelloient
leur Patron & leur Protecteur. Des
raisons politiques m'ont engagé à en
agir ainsi, parce qu'effectivement,
je voyois qu'il étoit impossible aux
Princes Catholiques, de se pouvoir
passer d'eux, & de leur secours,
pour former une ligue qui fut capable d'humilier la France. Il y a dix
ans que j'ai travaillé à cette importante affaire sans jamais avoir pû
reussir jusques à ce jour, comme je
vous

vous le raporterai dans la suite.

MAZARIN.

Santissimo Padre, Je ne sçaurois
garder plus long-tems le silence sur
une chose que vous venez d'avancer, parce que la delicatesse de ma
conscience ne me le permêt pas.

INNOCENT XI.

Questo? quoi?

MAZARIN.

C'est que dans le commencement
de cette conversation, lorsque vous
m'avez fait le recit des sujets de
plainte que vous aviez contre la
France, & sur tout des cruëls outrages dont le Roi T. C. avoit chargé
vôtre Sainteté, en vous appellant
fauteur des Hérétiques; vôtre Sainteté ma paruë si sensiblement touchée
de tous ces reproches, qu'effectivement, je ne me suis pû empêcher de
blâmer la conduite *del figlio mio*. Cependant, ô! *li scandalo*, ô! l'escan-
dale, vôtre Sainteté avoüe elle même qu'elle à entretenu commerce
avec les Hérétiques.

INNOCENT XI.

Per Dio! Si vôtre Eminence à bien
fait reflexion à ce que je viens d'a-
vancer, Je suis persuadé, que bien

G 5   loin.

loin qu'elle blâme ma conduite à cet
égard, elle la loüera; je lui ai dit
que ce qui m'avoit porté à en agir
ainfi, étoit l'état deplorable auquel
le fils aîné de l'Eglife avoit reduit la
Chrêtienté, & l'impuiffance dans la
qu'elle fe trovoient pour lors tous
les Princes Chrêtiens, particulierement la Maifon d'Autriche, qui a
été de tout tems le plus ferme apui,
& le plus puiffant rampart de la Religion Romaine. Ce Prince *che fa
cofe grandi*, qui ravageoit tout, &
qui comme un furieux, & un enra-
gé la torche ardente d'une main, &
l'épée nuë de l'autre, rempliffoit toute l'Europe Chrêtienne de fang & de
carnage, ordonnant à fes Armées,
& à fes Généraux de ne pas même
épargner les Lieux Saints, & Sacrez,
chaffant les Prêtres des Eglifes, les
Religieux & les Religieufes de leurs
faintes Solitudes, reduifant en cendres les Palais & les Maifons Roya-
les des plus grands Princes de l'Europe, faifant bruler les Villages, les
Bourgs & les * Villes entieres de plufieurs Provinces, deterrer les morts
& les tirer des monumens pour ex-
po-

* Les incendies du Palatinat.

poſer leurs cadavres à la voirie, afin qu'ils devinſſent la proye des cour-beaux, s'alliant avec les Infidelles pour ruiner l'Empire, menaçant le St. Siege de porter la guerre en Ita-lie, ſi je refuſois de lui obeïr, & d'a-prouver toutes ſes crüautez, mena-çant la Cour de Rome de faire un Schiſme, & de ſe ſeparer de l'Egli-ſe Romaine, ſi je lui diſputois les Franchiſſes des quartiers, les droits de la Regale, & mes Brefs concer-nant l'Election des Evêques qui lui étoient devoüez, faiſant prononcer des Arrêts à ſes Cours de Parlement contre mes Decrets, me faiſant di-re par ſes Ambaſſadeurs qu'il feroit aſſembler un nouveau Concile, & me chargeant d'outrages auſſi inju-rieux à ma reputation & à ma con-duite, qui a été graces à Dieu irre-prochable, que ſi j'avois été un monſtre dans l'Egliſe, comme un Jean XII. ou un Antipape, ou pour le moins auſſi méchant que le furent les Silveſtres, Jean, Gregoire, Bo-niface, Jules, Alexandre, & les Sixtes, leſquels ſouvent ont mis la Chrêtienté à feu & à ſang. Aprés ce-la, je demande à vôtre Eminence,

G 6   ſi j'ai

fi j'ai eu tort d'aprouver l'union des
Princes Proteftans avec les Catholiques, pour former une Puiffance qui
fut capable de ranger à la raifon le
fils aîné de l'Eglife ; puifque c'étoit
l'unique refource qui reftoit à la
Chrêtienté pour prevenir fa totalle
ruine.

MAZARIN.

Cela étant ainfi, la conduite de
vôtre Sainteté, a été en quelque maniere excufable.

INNOCENT XI.

Senza dubbio , il teftimonio di tutti
li Chriftiani, en fait foi, & je n'avance rien qui ne foit généralement connu de toute la Chrêtienté.

MAZARIN.

Ma Santiffimo Padre Odefcalchy,
vôtre Sainteté me permettra de lui
dire encore, que j'ai de la peine à
comprendre , qu'elle faffe tant du
bruit de l'alliance du Roi T. C. avec
le Sultan Empereur des Turcs ;
qu'elle ne fçauroit fouffrir, dis-je,
que le fils aîné de l'Eglife ait entretenu une étroite correfpondance
avec les Infidelles, & que cependant
elle pretende qu'on aprouve les liaifons, qu'elle a eu avec les Princes
Pro-

Proteſtans, qui ſont pour le moins
autant Hérétiques que les Turcs ſont
Infidelles, les uns & les autres ſont
ennemis mortels, & irreconciliables
du St. Siege. Ainſi ſi vôtre Sainteté
a eu droit pour les Interêts de l'Egliſe, d'avoir recours à ceux là, il me
ſemble que le Roi T. C. n'en a pas
eu moins, de rechercher l'apui de
ceux-ci, pour ſe conſerver au haut
degré d'élevation où il eſt parvenu.
Si la bonne politique aprouve l'un,
elle ne doit pas condamner l'autre,
ce ſont des raiſons d'interêt qui vous
ont fait agir l'un & l'autre.

INNOCENT XI.

Nò *Signore Mazarino.* Il y a bien
de la difference, entre s'allier, avec
les Princes Proteſtans, ou les Mu-
ſulmans; les premiers ſont nos freres, & portent le nom de Chrêtiens,
auſſi bien que nous; Je n'entre point
ici dans la difcution des differens,
qui les ont porté à ſe ſeparer de nous,
ils n'en ſont pas pour cela moins
Chrêtiens, & l'Egliſe les reconnoît
pour tels, de ſorte qu'il n'y a que le
nom de Romain qui nous diſtingue
d'eux: Au lieu que les Turcs ſont
des Infidelles, des Idolatres, les

mor-

mortels ennemis du Chriftianifme,
& le fleau de l'Eglife. De forte que
les motifs qui m'ont porté à exhorter
la Maifon d'Autriche, l'Empereur,
& le Roi Catholique, à ne faire point
fcrupule de s'unir avec les Princes
Proteftans, n'ont point eu d'autre
fondement que d'affermir par là la
Paix de l'Eglife; outre que je me
flattois dans la fuite, que s'il plaifoit
à Dieu de benir les Armes des Princes Catholiques, & de les rendre affez puiffans pour fe pouvoir paffer
des Proteftans, nous aurions pû les
ramener au giron de l'Eglife, par la
douceur, ou par la force; mais ce
n'eft pas là l'ouvrage d'un jour. Au
lieu que les principes qui ont fait agir
le fils aîné de l'Eglife, n'ont été fondez que fur l'ambition, & le defir infatiable de regner feul dans le monde, & de facrifier pour cela le repos
de l'Eglife; rendre toute la Chrêtienté efclave & tributaire du Turc, &
faire enfin qu'au lieu de l'Evangile
de Jefus Chrift, on ne prêchât plus
dans l'Europe Chrêtienne, que l'Alcoran d'un Impofteur Mahomet,
ô! *Dio cofa ontofa*, ô! Dieu qu'elle
honte; *ma quelle vergogna per lo figli-*
volo

volo maggiore de, la chiesa ; mais encore qu'elle plus grande honte pour un fils aîné de l'Eglise.

MAZARIN.

Ma piano, Santissimo Padre, piano ; que dira vôtre Sainteté, quand on lui faira voir, *che il Re Christianissimo figlio mio,* n'a point eu d'autre but, en recherchant l'alliance des Mahometans, que celui de l'agrandissement de la Chrétienté , & la conversion de ces Infidelles.

INNOCENT XI.

O ! *la cosa miracolosa ; ma come questo ?* mais comment cela ?

MAZARIN.

St. Pere je m'en vai vous l'expliquer. En premier lieu je conviens avec vôtre Sainteté, que le but du fils aîné de l'Eglise étoit de se rendre maître de l'Empire, de se faire couronner Empereur d'Occident, & le Dauphin son fils Roi des Romains, lorsqu'il a appellé les Turcs en Hongrie ; je n'entre point dans le détail des droits qu'il a à la succession de la Couronne Imperiale, comme Successeur de Charlemagne, qu'il pretend lui avoir été injustement ravie par la Maison d'Autriche, cela seroit

roit trop long. Je dis donc que le Roi T. C. ayant porté les Ottomans par un coup de politique, aussi hardi qu'admirable à rompre la Treve avec l'Empereur Leopold, & ces Infidelles étant entrez dans l'Empire avec toutes leurs forces, ainsi que vôtre Sainteté m'en a fait le recit, le but du Roi T. C. étoit de leur laisser conquerir toute l'Allemagne, & de se tenir cependant sur le Rhin, avec toutes ses forces composées de bonnes Troupes fraîches, pour tomber dessus les Ottomans, quelque bon semblant qu'il fit d'être leur Allié, & de les rechasser de l'Empire dans le tems qu'ils auroient été épuisez, & fatiguez, ce qu'il auroit pû executer avec beaucoup de facilité. Supposons donc que la fortune eut favorisé ses desseins, & que la chose fut arrivée comme il le souhaitoit; qui doute aprés cela, qu'il ne fut marché lui même, aprés s'être fait couronner Empereur, à la tête d'une formidable Armée, jusques aux portes de Constantinople; & qu'aprés avoir soûmis à son obeïssance les Etats du Grand Seigneur, il n'eut forcé les Infidelles d'ambrasser la Chri-

Chriſtianiſme, avec autant de facilité & de ſuccez, qu'il avoit forcé
les Huguenots de ſon Royaume
d'abjurer leur Héréſie. Ainſi combien de millions d'Ames n'auroit-il
pas ſauvées, & de combien de millions d'Or n'auroit-il pas augmenté
les revenus, & les richeſſes de l'E-
gliſe ? Aprés cela vôtre Sainteté n'au-
roit-elle pas eu ſujet de ſeconder des
ſi glorieuſes & ſi ſaintes entrepriſes,
à l'exemple de ſes Predeceſſeurs qui
ont canoniſé un Saint Loüis, pour
avoir été le Chef des Croiſades, qui
ont fait la guerre de ſon tems à cet
Ennemi commun des Chrêtiens.

INNOCENT XI.

Nò Signore Mazarino. Vous conviendrez toûjours avec moi, que ſi
l'évenement avoit repondu au but
qu'avoit ce Prince, l'Empereur &
les Membres de l'Empire, auroient
été les premieres victimes de ſon
ambition ; quand à l'autre raiſon que
vous avancez, que le but de ce Monarque, étoit de tromper les Mahometans par cette diverſion, pour
épuiſer les forces qui les rendent ſi
puiſſans, & ſi redoutables aux Princes Chrêtiens, afin que la conquête
de

de leur Etats lui fit moins de la peine, & qu'il put en aprés les ranger à
l'obeïſſance de la Religion Romaine, c'eſt ce que je ne crois pas ; nous
connoiſſons de longue main les ruſes du fils aîné de l'Egliſe, & il y a
plus de l'aparence que ſon but étoit
d'aſſervir toute l'Allemagne, en ſe
ſervant du Turc, que de croire qu'il
n'avoit en veüe que l'agrandiſſement
du regne de Jeſus Chriſt & de l'E-
gliſe.

MAZARIN.

Je ne diſpute pas à vôtre Sainteté,
que l'Empereur n'eut perdu la Couronne Imperiale, & les Membres
de l'Empire leur liberté, cela ne ſe
pouvoit pas autrement ; mais ſon
principal but étoit la converſion des
Infidelles.

INNOCENT XI.

Et que ſeroient-devenus aprés cela
ces pauvres Princes ?

MAZARIN.

Les Vaſſaux du Monarque Uni-
verſel.

INNOCENT XI.

C'eſt-à-dire de Princes Souverains, & independans, les Eſclaves,
& les ſujets du Roi T. C.

MA-

MAZARIN.

Si Santiſſimo Padre, ſenza dubbio.

INNOCENT XI.

Per Dio! Il ſera donc permis à un Monarque, qui ne conſulte que ſon ambition, de mettre toute la Chrétienté à feu & à ſang, de chaſſer des Princes Souverains de leurs Etats, de detrôner des Empereurs Chrétiens, ſous le pretexte eſpecieux de n'avoir pour but que la converſion des Infidelles? Si le fils aîne de l'Egliſe avoit été capable de ſuivre le ſage conſeil de l'Auteur, qui a écrit des Rois de Babilonne, nous le lui aurions donné dans une ſemblable conjonĉture : Cet Hiſtorien parle d'un certain Roi nommé Altadas, lequel ſuivant les paroles de Sleidan, qui en parle auſſi dans ſon Hiſtoire des quatre Empires. * Eſtimoit que
,, c'étoit une choſe vaine, & inuti-
,, le à un Roi de ſe fatiguer par mille
,, & mille travaux, & de s'embaraſ-
,, ſer l'eſprit de divers ſoins, pour
,, agran-

* *Qui vanum eſſe ducebat multis fatigari laboribus, & variis implicare curis ampliſcandi regni cauſa, quando quidem ea res ad nullam hominum ſalutem, & utilitatem ſed ad detrimentum potius atque ſervitutem populi pertineret.* lib. 1. de quatuor imperiis.

„ agrandir son Royaume, vû que
„ cela ne contribüoit en rien au salut
„ & à l'utilité des hommes ; mais
„ au contraire ne servoit qu'à les
„ ruiner, & à les rendre Serfs & Es-
„ claves. Nous pourions ajouter à
ces paroles, que la Chrêtienté se seroit bien passée de tous les soins, &
de toutes les peines que ce Prince,
s'est données jusques à present, pour
reünir au giron de l'Eglise tant de
millions d'ames hérétiques, & infidelles, dont il se vante.

MAZARIN.

Les Princes ne sont pas dignes de
regner quand ils ne se distinguent
pas du reste des hommes, par l'ambition & le desir insatiable de s'agrandir, qui doit être l'éguillon qui les
doit exciter à la vertu & à la gloire,
sans quoi ils sont des flambeaux sans
lumiere dans le monde ; de sorte
qu'il est permis à un Monarque de
sacrifier tout à cette passion, qui
doit être leur favorité, & inseparable
des Princes magnanimes.

INNOCENT XI.

Nò Signore Mazarino, voi andare
vagando quà & là ; vos maximes sont
fausses, & je ne suis point surpris si
le

le fils ainé de l'Eglise, à qui vous
les avez aprises dés sa plus tendre
jeunesse donne aujourd'hui tant de
peine à la Chrêtienté. Platine nous
fait une peinture bien diferente de
la vôtre des, vertus qui doivent briller dans la conduite des sages Princes, lorsque parlant de l'Empereur
Antonin le Pieux il lui donne entre
autres éloges celui-ci ; * „ *Qu'il*
„ *avoit recherché la gloire dans là*
„ *guerre avec telle moderation, qu'il*
„ *s'étudioit plûtôt à defendre ses Pro-*
„ *vinces qu'à les augmenter ;* adjou-
„ tant encore, que cet Empereur
„ avoit souvent en la bouche ce
„ mot notable de * Scipion, qui
„ doit être souvent repeté à un Roi :
„ *qu'il aimoit mieux conserver un Ci-*
„ *toyen, que de perdre mille en-*
„ *nemis.*

MAZARIN.

Si un Prince pretent de se borner
dans l'étenduë de ses Etats, & qu'il
n'entreprenne rien pendant son regne, qu'elle estime faira-t-on de lui;
ne sera-t-il pas considéré dans le
mon-

___

In vita S. Hygini Pontif X.

† *Mallese unum civem servare, quam mil-*
le hostes occidere.

de comme un lache , & plûtot digne d'être mis au rang des Rois Fai-
ncans dont l'histoire parle avec tant
de mépris, qu'au rang des ¡Princes
vertueux & vaillants qui ont relevé
la gloire de la Monarchie Françoise, & qui ont été l'admiration de
leur siecle par leurs belles actions. ,

INNOCENT XI.

Nò Signore Mazarino ; témoin ce
que le savant * Erasme nous dit dans
son institution du Prince Chrêtien.
,, Que c'est une erreur qui s'est glif-
,, sée parmi plusieurs Princes du
,, tems passé , de croire qu'ils de-
,, voient faire tous leurs efforts
,, pour agrandir les limites de leurs
,, Etats , plûtôt que de travailler à
,, les rendre florissans , quoi qu'il
,, soit arrivé bien souvent, que pen-
,, sant gagner ce qu'ils n'avoient pas
,, ils ont perdu ce qu'ils avoient.
,, Ce n'est pas sans raison ajoute-t-
,, il que l'on a tant loüé la parole de
,, Theopompe, disant qu'il ne lui
,, importoit pas , de laisser à ses en-
,, fans un Empire de grande étendüe
,, pourvû qu'il le laissât en bon état &
                              ,, bien

* Cap. Praecul. de princip. acctipat. in pa-
re.

„ bien affuré. Et il me femble
„ que ce proverbe Laconien, qui
„ ordonna à celui à qui eft échüé
„ Sparte, d'embellir Sparte, meri-
„ teroit d'être mis pour devife dans
„ tous les Etendarts des Princes.
Voila des inftructions pour les Souverains, & les Monarques de la terre,
bien differentes de celles que vous
avez donneés au fils ainé de l'E-
glife.

MAZARIN.

Per dicere in breve; quoi qu'il en
foit pour abreger, je prie vôtre
Sainteté de vouloir continuer le recit des autres évenemens.

INNOCENT XI.

Pour continuer le recit des chofes qui fe font paffées *del mid tempo*
je vous dirai ‡ *Che lo figlivolo maggio-*
re de la Chiefa avoit tellement rempli le monde du bruit de fes actions
ou plûtôt de fes brigandages, ainfi
que je vous l'ay raconté, que la
plûpart des Monarques les plus éloi-
gnez, Chrêtiens, ou Infidelles lui en-
voyerent des Ambaffadeurs extraordi-
dinaires, pour le connoître. Et le
confiderant en effet comme un
Prin

‡ *Fils ainé de l'Eglife.*

Prince qui paſſoit pour le Jupiter de
ſon ſiecle, & celui de tous les Monarques de la Terre qui faiſoit le plus
parler de lui, ils étoient dans la pen-
ſée qu'ils ne ſe pouvoient paſſer de
ſa protection & de ſa bienveillance,
imittant en ce cas les Indiens Idolatres qui rendent leurs hommages au
Demon, par la crainte qu'ils ont
qu'il ne leur faſſe du mal, & qu'il ne
les maltraite. Deſorte qu'on vit arriver en France pluſieurs Ambaſſadeurs
du Grand Duc de Moſcovie, du Roi
de Maroc & du Roi de Siam.

M A Z A R I N.
Comment, du Roi de Siam ?
I N N O C E N T X I.
Si Signore, du Roi de Siam, &
c'eſt une choſe aſſez remarquable, de
voir la maniere dont le Roi T. C.
les reçût. Les Mandarins de ce
Prince ayant d'abord aproché Sa
Majeſté, ils ſe proſternerent le ventre
contre terre, en temoignant par cette profonde ſoûmiſſion, qu'ils n'é-
toient pas dignes de la regarder en-
face, demeurant dans cét état juſques à ce que Sa Majeſté leur eut
fait ſigne de ſe relever.

M ᴀ-

MAZARIN.

Per Dio, * *lo figlivolo maggiore de la Chiefa fa cofe grandi.* Mais encore quel étoit le but de toutes ces Ambaffades?

INNOCENT XI.

La gloire & l'ambition du fils aîné de l'Eglife y avoit la plus grande part ; quand au refte , il s'agiffoit encore de conclure une Alliance fecrete, avec ce Prince Idolatre pour la ruine des Hollandois , femblable à celle qui avoit été concluë avec les Infidelles pour ruiner , & defoler la Maifon d'Autriche & toute la Chrêtienté.

MAZARIN.

Ma come quefto , mais comment cela?

INNOCENT XI.

La converfion de ce † Prince Idolatre , en dèvoit être le pretexte fpecieux , comme la converfion des Turc l'avoit été des defordres arrivez dans la Chrêtienté.

MAZARIN.

Mais comment étoit-il poffible au

H · Roi

---

* *Il faut avoüer que le fils aîné de l'Eglife fait des grandes chofes.*

† *Roi de Siam.*

Roi T. C. d'executer un si grand projet ?

INNOCENT XI.

Par le moyen & l'entremise des Jesuites, qu'il avoit envoyé dans ce Royaume quelques années, auparavant, pour prendre langue, & s'insinuër dans l'esprit de ce pauvre Prince Idolatre.

MAZARIN.

Messieurs les Jesuites rendent donc des grands services au fils aîné de l'Eglise.

INNOCENT XI.

Molto, fort grands, & tout passe par leurs mains à la Cour de France ; ils sont aussi les plus grands ennemis que la Cour de Rome ait aujourd'hui, la raison de cela, est que leur politique les porte à se ranger toûjours du côté du plus fort, & cela fait que par un esprit de conplaisance ils aplaudissent à tout ce que le fils aîné de l'Eglise entreprend, *ben o male*, bien ou mal.

MAZARIN.

Quelle étoit donc la vûë du Roi T. C. en se rendant Maître du Roi de Siam ?

IN-

INNOCENT XI.

Ho! ho! Signore Mazarino, cofe grandi. En premier lieu le but de ce Monarque, étoit de s'emparer des Etats du Roi de Siam, afin que par ce moyen, il eut l'occafion de ruiner le commerce des Indes Orientales des Hollandois, dans la penfée qu'aprés les avoir affoibli, & leur avoir ôté ces abondantes fources qui les rendent Puiffantiffimes, & les font dans l'Europe les Arbitres des principaux differens, qui naiffent parmi les têtes couronnées, il eut plus de facilité à les ranger-fous fa dure domination, & les af*f*ervir à l'efclavage fous lequel il avoit déja reduit une bonne partie de l'Europe Chrêtienne; cela eft fi vrai que la jaloufie de ce Prince, n'a jamais regardé la puiffance de cette Republique, qu'avec des yeux de mépris & d'envie, & dans toutes les occafions qui fe font prefentées, de lui donner des marques de fon reffentiment, les Hollandois ont toûjours été fes premieres victimes, témoin les guerres de 72. Quoiqu'il en foit ce Monarque ne fçauroit fouffrir, que des *Rebelles*, comme il les appelle,

foient

foient aujourd'hui affez puiffants, pour tenir la balance égale entre les deux Maifons, & l'empêcher enfin qu'il n'opprime les aytres Princes de l'Europe, qui lui font inferieurs en puiffance.

MAZARIN.

Si les liaifons que le fils aîné de l'Eglife avoit contractées, avec le Roi de Siam, euffent repondu à fes belles efperances, la Hollande étoit donc perduë fans refource ?

INNOCENT XI.

Ne dubitano ? Signore Mazarino, ma Dio fopra tutto, mais Dieu fur tout. Il n'a pas cependant tenu au Roi de Siam, & à Meffieurs les Je-fuites, que les grands deffeins du Roi T. C. n'ayent reüffi; la mine étoit même fur le point de joüer, mais le feu s'étant pris aux poudres, un peu trop tôt, à ruiné toutes les entrepri-fes de nôtre Monarque, & enfeveli fous fes ruines, tous les entrepre-neurs d'un fi grand ouvrage; Je veux dire qu'étant furvenu une revolution inopinéé, par l'élévation d'un autre Prince fur le Thrône du Royaume de Siam, tous les Jefuites & les Emiffaires du Roi T. C. en ont été chaf-

chaſſez, & contraints d'aller prêcher
leur nouvelle morale dans les deſerts
du Japon, ou de la * nouvelle France.

MAZARIN.

De ſorte que la mine fut évantée,
à ce que dit vôtre Sainteté ; quoi
qu'il en ſoit c'eſt toûjours un grand
malheur pour le Roi T. C. de n'a-
voir pas pû reüſſir dans cette entre-
priſe. A mon ſens ce projet étoit
auſſi bien concerté qu'il ſe puiſſe, &
je ne ferois point ſcrupule de le mettre au rang des plus belles entrepriſes, qui ayent été formées pendant
ſon regne. Si la fortune l'avoit voulu ſeconder, dans une affaire d'une
ſi grande importance , il auroit infailliblement uni les dix-ſept Provinces des Païs-Bas à ſon Domaine, &
s'étant rendu Maître de la Hollande, il auroit pû mettre ſur Mer des
Armées Navalles de deux cents Vaiſ-
ſeaux de Guerre, qui l'auroient rendu la terreur & l'effroi de l'Ocean,
comme il l'étoit déja par Terre, par
la force de ſes armes, par la bravoure
de ſes Généraux, & les nombreuſes
Armées. Aprés cela qu'elle eſt la

H 3   Puiſ-

* De Canada.

Puissance dans l'Europe, ou plûtôt
qu'elle Ligue formée de plusieurs
Princes, auroit osé entreprendre de
s'opposer à la rapidité de ce torrent.
Il n'y avoit dans toute la Chrêtienté
point de barrieres à lui opposer, sa
puissance auroit été sans bornes, &
il ne seroit resté à l'Europe Esclave
point d'autre resource, que celle de
subir le joug que le Vainqueur lui imposoit, en se soûmettant à ses loix,
& reconnoissant effectivement. * *chè
lo figlivolo maggiore de la Santa Chiesa*, étoit le Monarque Universel de
toute la Chrêtienté.

INNOCENT XI.

*Piano Signore Mazarino, piano, chi
va piano va sano.*

MAZARIN.

Per Dio! qui l'auroit empêché?

INNOCENT XI.

Dio, Dieu.

MAZARIN.

Io non sò, je ne sçai.

INNOCENT XI.

Io sò senza dubbio. J'en suis persuadé, & je n'en doute nullement.

MAZARIN.

Puo essere, peut-être.

IN-

* *Que le fils aîné de l'Eglise.*

INNOCENT XI.
Senza puo essere, sans peut-être,
l'experience des choses qui viennent
de se passer *del mio tempo*, font voir
que je dis vrai.

MAZARIN.
Quoiqu'il en soit ce Monarque
auroit donné bien de la peine à toute
l'Europe.

INNOCENT XI.
Il en a donné autant que Prince
puisse jamais faire, & quand vous
parcouririez les Croniques de toutes
les Monarchies, & que vous fairiez
un assemblage de tout ce qu'ont fait
les Princes les plus remuans, & les
plus magnanimes, à commencer depuis la fondation du monde, jusques à present, je ne pense pas que
tout cela fut digne d'être mis en pa-
ralelle, avec les évenemens qui se
font passez sous ce Regne. Mais
aprés tant de prodiges & de merveilles, selon le monde, qu'est ce qu'à
gagné, *il figlio vestro, lo Re Christianissimo*? il à gagné, *la maledittione de
tutti li Nationi della Christianità*, sans
comter le deplaisir qu'il à eu de voir
échoüer jusques à present la plûpart de ses desseins. Je ne sçaurois

m'em-

m'empêcher de raporter ici, ce que
dit Philippes de Comines, parlant
de l'Empereur des Turcs Ottoman,
du Roi Loüis XI. son Maître, & du
Duc de Bourgogne. * *Sçavoir qu'il
vaut mieux berner son ambition, moins
se travailler, & moins entreprendre,
plus craindre d'offencer Dieu, en perse-
cutant le peuple & ses voisins, par mal-
le & mille voyes cruëlles, ne vaudroit-
il pas mieux; dit-il, prendre ses aises
& des plaisirs honnêtes ? La Vie des
Princes en seroient plus longue. les ma-
ladies en viendroient plus tard, & leur
mort en seroit plus regrettée, & de plus
de gens, & moins desirée, & auroient
moins à redouter la mort &c.* Aprés ce
sage conseil je n'ai plus rien à dire,
si ce n'est qu'il auroit mieux valu au
fils aîné de l'Eglise, qu'il eut laissé
joüir l'Europe Chrétienne de la Paix
& du repos, qu'elle avoit acheté si
cherement, par la perte de tant de
sang qui avoit été repandu avant la
conclusion du Traité des Pirennées:
vôtre Eminence avoit, si me semble,
pris assez de soin de la gloire, & de
la fortune de ce Prince, & soutenu
les Interêts de la Monarchie Fran-
çoi-

* V. liv. 6. en la conclusion.

goife, avec affez de bonheur & de
fuccez, pour lui donner lieu d'être
fatisfait du rang qu'il tenoit déja dans
le monde, parmi les Princes Chrêtiens, fans fe mettre en tête le deffein de parvenir à une Monarchie
Univerfelle imaginaire, par la vio-
lation des Traitez.

M A Z A R I N.

Ce que vôtre Sainteté condamne,
comme une foibleffe humaine, en
la perfonne des Princes, je le confi-
dere comme une vertu heroïque &
une magnanimité, qui diftingue les
grands Princes, de ceux qui ne font
nez que pour vivre dans l'oifiveté, &
paffer les plus beaux jours de leur regne, dans l'honteufe joüiffance des
trefors & des richeffes, que Dieu
leur à mis en main, pour être em-
ployez à immortalifer leur memoire par les Conquêtes, qu'ils doivent
faire fur leurs Voifins, & les victoires qu'ils doivent remporter, fur les
Princes qui refufent de fe foûmettre
aux loix du plus fort. C'eft une loi
naturelle, reconnuë de tous les Ju-
rifconfultes, que le plus fort eft toûjours en droit de fe faire obeïr, & de
fe rendre inettre des Etats qui font à
fa bienfeance.   H 5   I N-

I N N O C E N T XI.

Nò Signore Mazarino , la cofa và *ben altramente* , fi cela étoit , où en feroient les petits Princes , & les Etats Souverains , qui n'ont pas affez de forces , pour fe mettre à couvert des entreprifes des Puiffants Monarques , qui ne confultent bien fouvent que l'ambition , & l'avidité d'envahir le bien d'autrui ; vôtre maxime n'ouvre-t-elle pas la porte au brigandage ; & fi elle étoit reçûë , que des Couronnes & des Sceptres , ne verroit-on pas renverfez ; le plus fort ne feroit-il pas le Maître ? & où eft le Prince qui pouroit deformais fe dire Souverain , & joüir de la liberté ; tous les Etats de l'Europe , feroient fans doute contraints de fubir l'efclavage du plus fort. Et voila quel a été le but du fils aîné de l'Eglife , & qui auroit infailliblement réüffi , fi on lui avoit laiffé faire.

M A Z A R I N.

Una cofa fenza dubbio , Padre Odefcalchy , c'eft fans contredit. Mais voyons je vous prie la fuite de tant de merveilles?

I N N O C E N T XI.

Pour reprendre le fil de mon difcours ,

cours, je dirai qu'il étoit, si me
semble, bien raisonnable, *che lo figlivolo maggiore de la Santa Chiesa*,
aprés avoir fait tant de bruit dans le
monde, pendant sa vie, songea à
laisser à la postérité, lorsqu'il plaira
à Dieu de le retirer du monde, quelque monument qui rende immortelle la memoire de ses grandes actions,
& qui soit, pour ainsi dire, une figu-
re parlante, representant en abregé les
prodiges, & les merveilles de la vie
& de son glorieux Regne. Le Maréchal de la Feüillade, que vous avez
apparamment rencontre lorsqu'il a
passé la Barque, étant mort depuis
peu, vous aura sans doute appris que
ce fut lui qui fut chargé d'un si beau
dessein.

MAZARIN.
Je ne l'ai vû, ni entendu parler de
lui en aucune maniere.

INNOCENT XI.
Nò, non.

MAZARIN.
Nò, non.

INNOCENT XI.
Quoiqu'il en soit, ce monument
étoit une statuë pedestre de bronze,
élevée sur un haut piedestal, ayant
der-

derriere la renommée qui lui met fur
la tête une Couronne de laurier; &
à fes pieds quatre Efclaves, qui repre-
fentent les differentes Nations dont
ce Monarque à triomphé.

MAZARIN.

Come io penfo, comme je penfe,
ce monument fut placé au Louvre
auprés de celui que Colbert y avoit
déja fait dreffer.

INNOCENT XI.

Nô Signore. Ce lieu n'étoit pas affez éclatant, ni affez augufte, il a fallu choifir une Place toute particuliere, & qui par le nom, qu'on lui a
donné fit fonner bien haut les triomphes, & les victoires dont cette fta-
tuë étoit l'embleme; pour cèt effet
ce lieu a été appellé *la Place des Victoires*. Mais ce n'eft pas-là le plus bel
endroit de la piece : Il faut que vôtre
Eminence fçache encore la Ceremonie, qui fut pratiquée le jour de
l'érection. La Canonifation de nos
plus grands Saints à Rome, n'a jamais rien eu d'aprochant, & n'eft
qu'un foible crayon du refpect, & de
la veneration que l'on rendit à cet
Idole. Les peuples y accouroient en
foule, & fe profternoient à fes pieds,
criant

criant de toute leur force, LUDO-
VICO MAGNO, LO RE CHRIS-
TIANISSIMO ET SANTISSIMO.
Louïs le grand le Roi T. C. & trés
Sainct. Tous les Magiſtrats de Paris s'y rendirent en Corps : Monſeigneur le Dauphin accompagné de
Madame, & de tous les Princes du
ſang aſſiſterent auſſi à la fête, & ce
jour-là fut rendu celebre par tout le
Royaume, par les feux d'artifice &
les rejoüiſſances publiques. Je ne
ſçai ſi aprés tout cela le grand Saint
Loüis, n'aura pas ſujet d'être jaloux
de tous ces honneurs. Ce grand
Prince qui les à ſi bien meritez, &
auquel ils n'ont jamais été rendus,
quels reproches ne doit-il pas faire à
ſon Succeſſeur ? d'oſer aſpirer à l'immortalité, pour recompenſe d'avoir
chagriné le Chef de l'Egliſe, pendant tout le tems de mon Pontificat,
de s'être allié avec les Infidelles
pour deſoler la Chrêtienté, d'avoir
violé tous les Traitez de Paix, & declaré la guerre à tous les Princes de
l'Europe, par un pur principe d'ambition, & de deſir inſatiable de s'a-
grandir ; d'avoir reduit la moitié de
l'Europe Chrêtienne en cendres

H 7   par

par le feu infernal de ſes Bombes & de ſes Carcaſſes, d'avoir forcé les Huguenots ſe ſon Royaume, le flambeau d'une main, & l'épée de l'autre, de rentrer dans le giron de l'Egliſe ; d'avoir voulu ſe faire Pape lui même dans ſon Royaume, & me menacer d'aſſembler un nouveau Concile, ſi je refuſois de lui obeïr ; O ! *lo gran Santo ! Santo ſopra tutti li Santi del Paradiſo.*

MAZARIN.

O ! la vergogna ! Je vous avoüe trés St. Pere que ce que vôtre Sainteté vient de me raporter me ſurprend extremement, & c'eſt l'endroit du Regne de mon fils, qui me paroit le moins ſuportable ; j'ai honte même pour ce Monarque, d'aprendre qu'il ait eu la foibleſſe, pour vouloir qu'on lui rendit des honneurs qui ne ſont dûs qu'aux Dieux, ou du moins aux plus grands Saints de Paradis. Il eſt vrai que je ne deſaprouve pas, qu'un grand Prince, qui s'eſt rendu recommandable par mille & mille actions heroïques, & dont le regne n'a été qu'une ſuite perpetuelle de Victoires & de Conquêtes, laiſſe à la poſterité des monumens

mens éternels, qui conservent son
nom, & sa glorieuse memoire. Mais
il faut sur tout qu'il n'y aît rien dans
toutes ces choses, qui égale le res-
pect & la veneration qui n'est duë
qu'aux Divinitez. Tous les grands
Princes & les Empereurs Chrêtiens
en ont usé ainsi ; en ce cas vôtre
Sainteté à toutes les raisons du monde, & je suis de son sentiment. Mais
passons outre.

INNOCENT XI.

A propos *Signore Mazarino*, quel
accuëil a fait vôtre Eminence au
Prince de Condé, il passa la Barque
de Caron en l'année 1686. c'étoit
vôtre grand ennemi, & je ne doute
point que vous ne vous soyez reconciliez ensemble sur les bords de ce
fleuve. En quittant le monde il faut
nous depoüiller de toutes les pas-
sions mondaines, & l'Empire tene-
breux ne souffre point d'esprit broüil-
lon, ainsi faites moi confidence, je
vous prie, de la maniere dont vous
vous êtez ambrassez.

MAZARIN.

Je vous dirai *Santissimo Padre*, que
l'ayant trouvé au moment qu'il sor-
toit de la barque, ma surprise fut
d'au

d'autant plus grande, que j'avois d'a-
bort de la peine à le connoître, tant
je le trouvai changé. Ce pauvre
Prince m'embraffa d'abort, & me fit
toutes les honnêtetes imaginables en
apparence, fi le cœur y avoit part,
c'eft ce que je ne fçai pas. Aprés ces
premiers complimens, je lui demandai à l'oreille, s'il me vouloit
faire la grace de m'accorder l'honneur de fon amitie, en oubliant les
demelez qui nous avoient rendus irreconciliables dans le monde. Je lui
dis enfuite que cet aveu, étoit d'autant plus indifpenfable, que le Prince des Tenebres l'ordonnoit ainfi,
d'abort que l'on entroit dans les terres de fon obeiffance. Il me repondit qu'ayant à faire à un Italien, il
confentoit que nôtre paix fe fit à l'I-
talienne * *odio che dura fempre*. Je
n'eus rien à lui repondre, & voilà
comme nous nous feparames.

INNOCENT XI.

Si ce grand Prince avoit ofé ouvrir fon cœur, il auroit apris fans
doute à vôtre Eminence, bien des
fecrets qui me font inconnus, &
j'admire d'autant plus fa fageffe qu'il
n'eft

* *Haine éternelle.*

n'eſt point voulu entrer dans une
longue converſation avec vous,
bien perſuadé que les reproches qu'il
auroit eu à vous faire n'auroit pas
manqué de l'exciter à la veangence,
ce qui l'auroit peut-être porté à tirer
l'épée contre vôtre Eminence.

MAZARIN.

Per Dio. Quels reproches auroit-
il donc eu à me faire?

INNOCENT XI.

Molto.

MAZARIN.

Come molto, comment beaucoup?

INNOCENT XI.

Si Signore Mazarino, molto. En
premier lieu, que vous étes là cauſe
de tous les malheurs, qui affigent aujourd'hui, non ſeulement la France,
mais encore toute la Chrêtienté;
que vous avez été l'unique obſtacle
qui a fait qu'il n'a pas regné, à la place de Loüis XIV; que vous avez eu
la * ſſacciataggine de vous allier au
ſang Royal des Bourbons, par le
mariage de vôtre Niece avec le Prince de Conti ſon frere; que vous
étez le plus grand di tutti li furatores
della Italia, de tous les voleurs de
l'Ita-

* Impudence.

(178)

l'Italie, par les millions que vous avez volé à la France, & que vos mulets ont porté au delà des Alpes; que vous avez par là ouvert la porte au brigandage qui regne aujourd'hui parmi la Nation Françoise, depuis le premier Ministre jusques au dernier maltotier; que vous avez enseigné * al figlivolo maggiore de la Chiesa, à ne garder ni foi, ni loi. Et molta altra cosa, indagna del Christiano, & plusieurs autres choses indignes d'un Chrêtien.

MAZARIN.

Parole vane, bagatelles. Aprés les témoignages d'une sincere amitié, & les assurances que ce Prince me donna d'oublier le passé, le jour même que je quittai le monde, je ne doute nullement qu'il ne m'ait pardonné de bon cœur, quand au reste s'il n'étoit pas satisfait de moi, je consentirois de bon cœur, si j'étois homme d'épée, que nous vuidassions nos differens à la pointe de l'épée à la premiere rencontre; quelque grand Capitaine qu'il soit je lui ferois voir que lo Signore Mazarino, qui à gouverné toute la France, & triomphé des

plus

* Fils ainé de l'Eglise.

plus puiſſans Princes de l'Europe,
n'a rien oublié de ſon habilleté, ni des
ruſes Italiennes, qui le metront toûjours à couvert des attentats de ſes
Ennemis, auſſi bien dans les Enfers
que dans le monde.

INNOCENT XI.

Piano Signore Mazarino, piano. Les
grands Capitaines ſont par tout redoutables.

MAZARIN.

Peu m'importe. Voyons la ſuite
des évenemens, dont vôtre Sainteté
s'eſt chargée de me faire le recit, &
qui m'intereſſent plus que les demelez que j'ai avec Loüis de Bourbon,
Prince de Condé.

INNOCENT XI.

Nous paſſerons donc au autres
évenemens, puiſque vôtre Eminence le ſoûhaitte. Le premier qui ſe
preſente à ma memoire, & que le
fils aîné de l'Egliſe compte pour le
Chef-d'œuvre de ſon Regne, eſt la
revocation de l'Edit de Nantes, cet
Arrêt de caſſation fut rendu en l'année 1685. Les Cardinaux d'Eſtrée
& de Fourbin, nous prônerent dans
ce tems-là à la Cour de Rome, le
zelle du Roi leur Maître avec beau
coup

coup d'éloquence & de ferveur, & j'eus toutes les peines du monde à me delivrer de leurs importunitez ; bien perſuadé que j'étois, que cette grande affaire bien loin de faire du bien à l'Egliſe, elle alloit ouvrir la porte à des nouveaux Chiſmes, & à des nouvelles Héréſies. J'en fis faire des plaintes par mon Nonce au fils aîné de l'Egliſe ; mais ce Prince bien loin d'écouter mes remontrances, me traita de Chiſmatique, & de Fauteur des Hérétiques. Nonobſtant tous ces enportemens, je fis reiterer une ſeconde fois mes plaintes, & j'ordonnai à mon Nonce de repreſenter à ce Monarque que l'on faiſoit des méchants Chrêtiens par la Dragonade ; mais tout cela fût inutile.

MAZARIN.

A propos de la Revocation de l'Edit de Nantes, je me ſouviens d'avoir ſalué en paſſant le pauvre Mr. le Tellier, comme il ſortoit de la Barque du vieux Caron. Ce bon homme me parut extremement content, ce qui augmenta ma ſurpriſe, parce que tous ceux qui quittent le monde ſont pour l'ordinaire inquiets & fort triſtes, ſur tout à l'aproche de

ces

ces fombres contrées , où l'on ne voit que des fujets de fouffrance & de mifere ; j'eus affez de curiofité pour lui demander d'où prevenoit la joye que l'on voyoit peinte fur fon vifage. Ce fage Chancelier me repondit d'une voix caffe & enroüée, qu'aprés avoir fray_ le chemin à un million d'Ames , qu'il venoit de réünir au giron de l'Eglife, il étoit mort content. Je loüai fon zelle , & je lui demandai en même tems , s'il étoit affuré que tous les Huguenots du Royaume feroient deformais profeffion d'être bons Catholiques Romains ; il me repondit, que puifque c'étoit la volonté du Roi, il n'en doutoit nullement. J'aurois fouhaitté d'avoir eu une plus longue converfation avec lui, dans la penfée de nous entretenir quelques momens , des affaires qui fe font paffées de nôtre tems , principalement fous la minorité du Roi, parce que nous avions été *d'une ifteffe tempo* contemporains , & conpatriotes; & je puis dire fans vanité que nous avons eu enfemble , le maniement des plus importantes affaires du Royaume; tous les fecrets du Cabinet paffoient
par

par nos mains, & nous étions pour
ainſi dire les Arbitres de la paix & de
la guerre. Je lui demandai des nouvelles du Marquis de Louvois ſon
fils, qui étoit encore bien jeune
quand je quittai le monde ; il me repondit qu'il l'avoit laiſſé dans une
bonne paſſe, & qu'il étoit devenu
premier Miniſtre de Sa Majeſté,
qu'au reſte il ne doutoit point qu'il
ne repondit aux eſperances, qu'il
avoit conçûës de ſa fortune, principalement pour les affaires de la guerre, & pour les Negociations à quoi
le Roi principalement l'employoit.
Aprés ces paroles nous nous embraſ-
ſames pour nous quitter, & ne nous
revoir peut-être jamais.

INNOCENT XI.

Puiſque je remarque, que la de-
ſcription des calamitez & des miſe-
res des Reformez de France *non voi
piace*, ne vous plaît pas, je paſſerai
à d'autres differens qui m'intereſſent
de plus prés ; & quoi que nous en
ayons déja touché quelque choſe,
vôtre Eminence ne ſera cependant
pas fâchée d'en aprendre le detail.

MAZARIN.

Si, Santiſſimo Padrè, ſi voi piace.

In-

INNOCENT XI.

Je vous ai dit dés le commencement de nôtre conversation *che lo
figlivolo Maggiore de la Chiefa*, avoit
pris à tâche tout le tems de mon
Pontificat de m'inquieter & me faire
tous les déplaisirs imaginables. Les
differens que j'avois déja eu avec ce
Prince concernant la Regale, furent
encore mis fur le tapis en l'année
1688. Je foûtins les droits du S.
Siege avec autant de vigueur & de
conftance que mon grand âge me le
permettoit, & pour faire voir au Fils
aîné de l'Eglife que je me moquois
† *della bravata di Franchezzi*, je l'at-
taquai encore par des autres droits
auxquels il ne s'attendoit point, je
veux dire les Immunitez & les Franchifes des Quartiers, que je voulus
ôter aux Ambaffadeurs de cette fiere
Couronne. Par une Bulle que je fis
expedier dans le mois de Mai de
l'année 1688. je fis favoir à tous les
Ambaffadeurs, qu'aucun ne jouiroit
plus à l'avenir des Franchifes dans
Rome, non plus que dans leurs Hô-
tels, fous quelque pretexte que ce fut,

fopra

---

* Fils aîné de l'Eglife.
† Des bravades des François.

sopra pena di scomunica, sous peine
d'excommunication.

MAZARIN.

Piano, Santissimo Padre, piano ;
vôtre Sainteté n'avoit, s'il me semble,
aucun droit de contester au fils aîné
de l'Eglise des Immunitez, dont ses
Ambassadeurs avoient paisiblement
joüi sous les Pontificats de vos Predecesseurs Innocent X. Alexandre
VII. Clement IX. & Clement X.

INNOCENT XI.

Aspettato uno poco Signore Mazari-
no. Quel tort faisois-je au Roi Trés-
Chrêtien, puisque ma Bulle portoi
defenses generalament à tous les Mi^t
nistres des Princes Catholiques, quⁱ
resident à Rome ; en ce cas l'Empe^r
reur, les Rois d'Espagne, & de Por^t
tugal, &c. n'étoient-ils pas en droi^t
de se plaindre aussi-bien que le Roi
Trés-Chrêtien ? Cependant tous ces
Princes me firent asseurer par leurs
Ambassadeurs de leur soûmission &
de leur obeïssance filialle.

MAZARIN.

Le fils-aîné de l'Eglise a des droits
& des Immunitez que ces autres
Princes n'ont pas, & la Couronne
de France merite bien, s'il me semble,
qu'on

qu'on la distingue des autres par des
prerogatives, qui lui ont été de tous
tems incontestables, ainsi que je l'ai
fait voir à vôtre Sainteté au commencement de nôtre conversation.

INNOCENT XI.

Per tutti li Santi : Lo Re Christianis-
simo, se dira le fils aîné de l'Eglise,
se vantera même d'avoir purgé l'E-
glise des Chismes, des Erreurs, &
des autres Monstres qui la dechi-
roient, d'avoir purgé son Royaume
de l'Hérésie Huguenote ; & ne sçau-
roit souffrir qu'on purge Rome des
abomiables crimes qui s'y commet-
tent à l'abri, & sous la protection des
Franchises des Quartiers ; * *qual im-*
piedad ! quelle impieté ✝ *qual cruel-*
dad ! qu'elle Cruauté.

MAZARIN.

Pour desabuser pour une bonne
fois vôtre Sainteté, je l'ai dit, & je le
repete encore, que le Droit des Franchises & des immunitez, que les
Rois de France s'aproprient à Rome, sont bien fondez, en ce qu'ils
ne les possedent qu'en vertu des
grandes obligations, que les Souve-

I   rains

* *Impieté* en Espagnol.
✝ *Cruaute* en Espagnol.

rains Pontifes ont à cette Couronne,
& c'eſt pour cette même raiſon qu'ils
les ont voulu honorer des titres de
Rois Trés-Chrêtiens, & de Fils ai-
nez de l'Egliſe ; en conſequence vôtre Sainteté ne doit pas trouver
étrange que leurs Ambaſſadeurs,
ayent des prerogatives que les autres
Princes n'ont pas. Pour en être plai-
nement perſuadé, il n'y a qu'à lire
l'Hiſtoire, qui vous aprendra que
dans le ſeptiéme Siecle le Pape Gregoire III. ayant été attaqué par le Roi
des Lombards appellé Luitprand,
Charles Martel vint à ſon ſecours,
& obligea Luitprand de ſortir de l'E-
tat Eccleſiaſtique, où il faiſoit tous
les ravages imaginables : dans la ſuite du tems Charles Martel s'étant
reconcilié avec Luitprand, avoit
abandonné les Interêts de la Cour de
Rome, lui refuſant ſa protection ;
Gregoire III. au deſeſpoir d'avoir
perdu l'amitié de ce Prince, lui écrivit pluſieurs Lettres fort ſenſibles,
pour le prier de le vouloir afranchir
de la ſervitude des Lombards ; ce
Pontife appelloit ce Prince dans ſes
Lettres *mon trés excellent fils*, & lui
donnoit même *le titre de trés Chrê-*
tien,

tien, Gregoire III. n'avoit pas ofé
implorer l'affiftance de l'Empereur
Conftantin Copronime, à caufe des
opinions hérétiques dont cet Empereur étoit taché, ce qui l'avoit obligé de recourir à Charles Martel, qui
revint pour la feconde fois à fon fecours , & chaffa les Lombards des
terres de Rome.

INNNCENT XI.

Je conviens de tout cela, *Signore*
Mazarino.

MAZARIN.

Uno poco di patientia, Signore Odefcalchy.

INNOCENT XI.

Voyons donc la fuite ?

MAZARIN.

Aftolfe Roi des Lombards, s'é-
tant rendu puiffant par l'acquifition
des terres , que l'Empereur poffe-
doit auparavant en Italie, fe voulut
encore emparer par la force des armes des Etats de l'Eglife. Etienne
III. Succeffeur d'Etienne II. dans
l'efperance de pouvoir flechir Aftolfe, lui envoya Paul fon frere avec
des prefens. Ce Prince convint enfin avec lui d'une Treve de 40. années, mais qui ne fut pas de longue

du-

durée, car l'ayant violée, il fit favoir à la Ville de Rome qu'il pretendoit qu'on lui fit un tribut d'un écu
fol par tête, sans quoi il reduiroit
Rome en cendres. Le Pape voyant
que rien n'étoit capable d'adoucir le
ressentiment d'Astolfe, eut recours
à Pepin, & s'en vint lui même en
France pour lui demander sa protection. Pepin ayant été touché par les
prieres du Pape resolut de passer en
Italie à la tête d'une puissante Armée, ce qu'il executa effectivement,
desorte qu'ayant defait Astolfe dans
une bataille, il l'assiegea lui même
dans Pavie où il s'étoit refugié.
Astolfe dans l'aprehension de tomber entre les mains de son Ennemi,
demanda la Paix à Pepin, qui la lui
accorda aux conditions que bon lui
sembloit. Aprés le retour de Pepin
en France, Astolfe refusa d'executer le Traité qu'il avoit fait avec ce
Prince, & ayant remis sur pied une
Armée, il entra encore dans le Patrimoine de St. Pierre, en repandant
la desolation, le feu & le carnage par
tout où il passoit, & pour tirer vangeance des outrages que Pepin lui
avoit faits par la conclusion d'un
Trai-

Traité si desavantageux, il fut assieger la Capitale du St. Siege, en publiant qu'il metroit tout à feu & à sang, si elle ne se rendoit. Le Pape au desespoir, de se voir à la veille d'être la sanglante victime de son ennemi, redoubla ses prieres & fit des nouvelles instances, auprés de Pepin pour le porter à venir encore à son secours. Voici la Lettre que ce St. Pere lui écrivit.

Je vous demande ô! Roi Tres Chrêtien & mon cher fils, & vous conjure comme si j'étois présent devant le Dieu vivant & le Prince des Apôtres, que vous nous protegiez promptement, afin que nous ne perissions point. Prevenez le comble de nôtre malheur, & secourez nous avant que nos Ennemis se soient rendus Maîtres de Rome, & depeur que leur glaive ne perce nos cœurs, sauvez nous avant que nous perissions. Considerez mon cher fils, qu'aprés Dieu les vies des Romains dependent de vous, & que leur salut est entre vos mains. Si tous les peuples voisins qui ont eu recours à cette noble, & genereuse nation Françoise, & à la protection de ses Rois, en ont toujours reçu un secours favorable, & s'ils ont été sauvez par la force de

I 3

leurs

leurs armes, que ne doit point attendre
l'Eglise de Dieu & son Peuple?

Pepin ayant donc encore passé les
Mons, à la tête d'une formidable
Armée, contraignit Astolfe de lever
le siege de devant Rome, & aprés
l'avoir soûmis & desarmé, il l'obligea à executer le premier Traité, &
à remettre dans le moment même
l'Exarchat de Ravenne, Pentapole
avec Comachio, & les autres terres
dont il s'étoit emparé, entre les
mains du Pape Etienne III. Cela
étant ainsi, vôtre Sainteté trouve-
ra-t-elle étrange que les Rois Trés-
Chrêtiens s'aproprient des Franchises, & des immunitez dans Rome,
puisqu'ils en ont été les liberateurs,
& qu'ils ont delivré les Souverains
Pontifes de l'oprression, & de la tirannie des Lombards. Je passe sous
silence les Charles-Magnes, les
Louis les Debonnaires, & les autres
Rois de Franc   uxquels le St. Siege
n'est pas moin redevable qu'à Pepin.

INNOCENT XI.

A vôtre compte, je devois donc
souffrir patiamment, qu'un Henri
de Beaumanoir, Marquis de Lavardin,

din, entra dans Rome à main armée, suivi d'un grand nombre de
coupe-jarets; qu'il s'en vint, dis-je,
me faire la loi, morguer le St. Siege,
& me menacer de la part du Roi son
Maître dans le Vatican même; *nò*
Signore Mazarino, nò, molto piu finire
la vita, plûtôt mourir.

MAZARIN.

Puisque c'est en vain que je m'e-
force de persuader vôtre Sainteté,
que le Roï Trés-Chrêtien, n'a rien
fait dans cette rencontre, qui ne soit
conforme à la Justice de sa cause, &
au droit qu'il avoit d'en agir ainsi,
elle souffrira que je l'abandonne à
son opiniatreté pour passer à d'autres
évenemens, dont je la prie de me
vouloir faire le recit.

INNOCENT XI.

Puisque je vois pareillement qu'il
est bien difficile de guerir vôtre Eminence, * *de lo veneno Franchezze,*
che rende negri gli attossicati. Nous
passerons à d'autres matieres, pour
vous complaire.

MAZARIN.

Se piace al la vostra Sanvita. S'il
I 4 plaît

---

* *Du poison François qui rend incurables ceux*
qui en sont atteints; c'est à dire des maximes.

plaît à vôtre Sainteté, par là elle me
delivrera de la mortelle inquietude,
que me donne le recit des plaintes fi
fouvent reiterées, qui ne partent à
proprement parler que de l'entete-
ment de vôtre Sainteté.

INNOCENT XI.

Le fils ainé de l'Eglife, ayant fait
voir ouvertement par l'alliance qu'il
venoit de conclure avec la Porte Ottomanne, que fon but étoit de ruiner la Maifon d'Autriche, ne fon-
geoit plus qu'à prendre fes precau-
tions le long du Rhin, tandis que le
Turc agiffoit puiffamment d'un autre côté. Aprés avoir donc pris les
poftes les plus avantageux, & s'être
emparé des meilleures Forterefles,
le long de ce fleuve, avoir fait des
grands amas de munitions de guerre
& de bouche, il s'avifa de porter un
coup à toute l'Allemagne, qui ne
pouvoit être que mortel, fi fes deffeins avoient reüffi. Je veux dire que
fa penfée étoit de fe rendre Maître,
par la force de fes brigues, des trois
Electorats Ecclefiaftiques qui font le
long du Rhin ; celui de Mayence
avoit déja ambraffé fon parti, & remis en même tems les clefs de fa Ca-
pita-

pitale entre les mains de ce Monarque; l'Electeur de Trêve aussi malheureux que celui de Mayence, aprés avoir oublié les justes ressentimens, qui le devoient rendre ennemi irreconciliable de la France, par la consideration des maux passez, n'en fut pas plus sage pour cela, de forte qu'il remit aussi les clefs de son Païs à ce Prince; il ne restoit plus que l'Electorat de Cologne, qui devoit former le dernier neud de la chaine que le Roi T. C. avoit forgée pour asservir l'Empereur, & tous les Princes de l'Empire. C'est-à-dire que l'esclavage & la liberté de toute la Chrêtienté, combatoient puissamment l'un contre l'autre, sans savoir encore lequel des deux devoit remporter la victoire, selon toutes les apparences humaines la liberté des Princes Catholiques & Protestans étoit aux abois, & je puis dire qu'il ne falloit plus qu'un ouï, ou un non, pour faire pencher la balance. Car le Roi T. C. s'étant même déja emparé de Bonn, Cologne étoit à la veille de se rendre, si je n'avois arrêté ce coup fatal, qui devoit decider de la destinée de toute l'Europe.

I. 5.   M A-

MAZARIN.

Come questo, comment cela?

INNOCENT XI.

Le Roi T. C. qui avoit ses desseins
en veuë, avoit si bien pris ses mesu-
res, qu'il étoit presqu'impossible
qu'il ne réüssit pas ; pour c'est effet,
il fit d'abord agir sous main le Cardinal Guillaume de Furstemberg, &
fit savoir à l'Empereur & à tous les
Princes interessés, immediatement
aprés la mort de l'Archevêque de
Cologne, que sa volonté étoit de
faire élire ce Cardinal pour son successeur, & qu'au reste si quelqu'une
des Puissances voisines témoignoit
de vouloir prendre en mauvaise part
cette élection, il feroit marcher ses
armées pour la soûtenir par la force
des armes. Les demarches de la
France dans cette conjoncture paru-
rent si hardies à tous les autres Souverains, qu'ils en conçeurent des justes
ressentimens, & fésant reflexion que
le but de cette Couronne étoit de faire entrer Furstemberg dans ce poste,
afin de s'en emparer, comme il avoit
fait des Electorats de Mayence & de
Treves, ils resolurent enfin de tra-
verser cette Election, dans la persua-
sion

sion que s'ils souffroient *che lo Cardinale traditore* y mit le pied, il ne manqueroit pas de vendre le païs de Cologne & de Liege à son protecteur, comme il lui avoit déja vendu sa Patrie, & toute l'Allemagne par ses trahisons. Voyant moi-même l'importance du peril, j'écrivis au Chapitre de Cologne & à l'Empereur qu'il n'y avoit point de tems à perdre pour y remedier. Nous trouvâmes donc à propos de donner pour concurrent au Cardinal de Furstemberg le jeune Prince Clement frere de S. A. E. de Baviere.

MAZARIN.

Je conviens avec vôtre Sainteté, que si le Roi T. C. avoit mis le pied dans Cologne, par le moyen du Cardinal de Furstemberg, *à Dios lo Imperatore Leopoldo & tutti li altri Principi de la Germania.* S'en étoit fait de l'Empereur & des autres Princes de l'Empire.

INNOCENT XI.

Senza difficultà, Signore Mazarino, ma Dio sopra tutto.

MAZARIN.

Cependant quand je fais reflexion sur la Jeunesse du Prince Clement qui

qui n'avoit pas encore atteint l'âge de dix-sept ans , & que je considere d'ailleurs la postulation Canonique de Guillaume de Furstemberg, dont le droit étoit d'autant plus incontestable qu'il avoit été agrée Coadjuteur par le defunt Electeur de Cologne , je ne saurois m'empécher d'accuser vôtre Sainteté de partialité dans cette affaire ; elle ne sauroit nier d'ailleurs que ce Cardinal n'eut été nommé par la pluralité des voix , suivant l'ancien usage, les privileges & les libertez des Chapitres de l'Empire.

INNOCENT XI.

Ce sont là les raisonnemens qui ont fait la matiere des emportemens de la France ; mais que dira vôtre Eminence quand je lui prouverai que la plûpart des voix du Chapitre avoient été achetées, & presque tous les Chanoines corrompus par les Louïs d'or que le Roi T. C. avoit semez à pleines mains dans Cologne.

MAZARIN.

Nô importa, *Santissimo Padre*, n'importe ; je me souviens encore d'un vers de mon bon ami le Cardinal de Richelieu fort à propos sur ce sujet:

Signore

Signore amico, difoit-il, *Vous fçavez auffi bien que moi quels que foient nos efforts;*

Que l'argent eft la clef de tous les grands refforts. Vôtre Sainteté devoit, s'il me femble, confiderer que le zele & la pieté faifoient agir le fils aîné de l'Eglife dans cette rencontre.

INNOCENT XI.

Come , Signore Mazarino, lo amore ardente, & la pietà, de convertir les Hollandois , comme il avoit converti les Huguenots de fon Royaume?

MAZARIN.

Si Signore.

INNOCENT XI.

Nò Signore Mazarino , ma molto piu lo appetito de la Monarchia Univerfale. Non, mais dites plûtôt que c'étoit le defir de parvenir à la Monarchie Univerfelle.

MAZARIN.

Quoi qu'il en foit, vôtre Sainteté n'avoit pas plus de fujet de fe declarer pour la Maifon d'Autriche, que pour celle de Bourbon, l'une & l'autre lui devoient être également cheres dans une femblable rencontre, Les Princes qui regnent dans ces deux Maifons étoient également vos

enfans;

enfans; de forte que je n'ai pas de la
peine à comprendre que la jaloufie
n'aye été en partie la caufe, des entreprifes que le fils aîné de l'Eglife a faites pendant fon regne fur les Etats de
fes voifins, & principalemeut fur
ceux de la Maifon d'Autriche,
voyant que vous la fupportiez, & que
vous étiez tout-à-fait porté pour elle.
La qualité de Pere commun des
Chrêtiens vous devoit obliger à tenir
la balance égale, & à difpencer vos
graces fans referve.

INNOCENT XI.

J'apelle Dieu à témoin de mon
innocençe, & je protefte que je n'ai
jamais été l'agreffeur. Si le Roi T.
C. m'avoit laiffé en repos, & qu'il
n'eut pas, par mille & mille attentats
outragé le S. Siege, noirci ma reputation, & foüillé l'Eglife par fes
monftreufes actions, il n'auroit jamais eu fujet de fe plaindre de mon
opiniatreté; bien loin de là, je l'aurois comblé des plus pretieufes bene-
dictions, & des plus grandes richeffes de l'Eglife, je lui aurois accordé
generalement tout ce qu'il auroit
fouhaitté, & je n'aurois pas aujour-
d'hui le cruël déplaifir d'avoir quitté

le

le monde fans lui avoir dit adieu, ni
fans nous être reconciliez enfemble.

MAZARIN.

Il en coutera à vôtre Sainteté
quelques années de Purgatoire, & fi
elle en eft quitte pour cela, elle en
fera quitte à bon marché.

INNOCENT XI.

Il eft bien difficile de fe pardonner
l'un l'autre, quand on a été auffi
grands ennemis, que nous l'avons
été; & quoique je me fois toûjours attaché à combattre les foibleffes humaines, tout le tems de ma vie, cependant je fuis obligé d'avouër, qu'il ma
été impoffible de me dépoüiller de la
vengeance, & qu'à l'heure qu'il eft
je eonferve encore une haine immortelle *per lo figlivolo maggiore de la
Chiefa.*

MAZARIN.

Il faut que vôtre Sainteté me pardonne, fi je lui dis que ces fentimens
font peu Chrêtiens, & peu dignes du
Chef de l'Eglife.

INNOCENT XI.

Signore Mazarino, je vous ai déja
affez fait voir s'il me femble, que
mon reffentiment à été tres jufte, &
j'efpere

j'efpere que la fuite de nôtre converfation vous le faira avouër à vous-
même, quelque part que vous preniez
aux interêts d'un Prince qui a été vôtre Eleve, & auquel vous n'avez jamais donné que des principes perni-
cieux, fur lefquels il a bâti les plus
cruëls attentats de fon Regne.

MAZARIN.

Il faut avouër, que je fuis le plus
malheureux de tous les damnez, &
que tant que le monde fera, je ferai
la maledittione de tutti li popoli, parce
dit-on, que je fuis la caufe de tout
ce qu'a fait le fils aîné de l'Eglife pendant fon regne; comme fi je devois
être refponfable de tous les crimes
qui fe font commis depuis environ
quarante-deux ans, que j'ai quitté le
monde.

INNOCENT XI.

Ne dubitano, Signore Mazarino? c'eft
là le commun fentiment de tous les
mortels, & vôtre Eminence ne fe
lavera point de toute l'éternité, des
reproches qui rendent & rendront à
jamais fa memoire odieufe.

MAZARIN.

Finiffons, je vous prie, ces fanglants
reproches; vôtre Sainteté me fait
mourir

mourir de déplaisir., & plus j'y songe., plus je suis accablé d'inquietude & de tristesse., sans esperance de trouver de remede qui soulage mes cruelles souffrances. Changeons je vous prie de conversation, & voyons quelle fut la fin des affaires de Cologne.

INNOCENT XI.

La fin des affaires de Cologne fut telle, qu'elle fallit à faire crever de depit † *lo figliuolo maggiore de la Chiesa*.

MAZARIN.

Come questo, comment cela?

INNOCENT XI.

Come questo; comment cela; en ce qu'ayant accordé une dispence d'âge au Prince Clement, il dama le pion au Cardinal de Furstemberg, & sans autre formalité il fut élu Electeur de Cologne; ce qui fallit à jetter le pauvre * Guillaume dans le desespoir, lequel de rage & de débit se jetta dans Bonn, resolu de mettre tout à feu & à sang si on ne lui rendoit raison du tort qu'on lui faisoit; mais le pauvre Cardinal étoit bien éloigné de son compte,

---

† *Le Fils aîné de l'Eglise.*
* *Furstemberg.*

compte, & toute la puiſſance de ſon
Protecteur ne fut pas capable de rien
operer en ſa faveur, ainſi que l'experience la fait voir.

MAZARIN.

Voilà un terrible coup pour la
France ; mais voyons je vous prie,
la maniere dont le Roi T. C. s'en
tira.

INNOCENT XI.

*Per la Crudeltà, per lo incendio, per
la rapina, & per la diſtruttione di tutti li popoli della Chriſtianità* ; Par la
cruauté, par les Incendies, par les
ravages, & par la deſolation de tous
les peuples de la Chrêtienté.

MAZARIN.

Gran ſcelerargine. Voilà bien des
crimes ; *ma Come queſto* mais comment cela ?

INNOCENT XI.

Le Fils aîné de l'Egliſe fit d'abord
publier un Manifeſte, qui étoit comme l'éclair qui devoit preceder la
foudre ; dans lequel il ſe plaignoit de
ma partialité, ajoûtant que s'il rom-
poit la Tréve, ce n'étoit pas par l'ambition de ſe vouloir agrandir du côté
de l'Allemagne, qui devoit être le
premier Theatre de la guerre qu'il alloit

foit declarer, ni encore moins au de-
pens des Princes & des Etats Alliez de
la Maifon d'Autriche ; mais que fon
but étoit de s'emparer des Places
frontieres pour prevenir les incur-
fions que fes Ennemis pouvoient faire dans le cœur de fes Etats. Que
d'ailleurs fa Majefté pour donner des
marques de la fincerité de fes inten-
tions avoit offert à tous les Princes,
de faire la Paix aux mêmes conditions, que la Treve avoit été accep-
tée en l'année 1684. en execution
des Traitez de Munfter & de Nimegue conclus és années 1648. & 1678.
Ce Monarque ajoûtoit encore qu'il
étoit de fon interêt de commencer
d'abord, par s'emparer de Philisbourg, dans la certitude qu'il avoit
que l'Empereur venant à faire la paix
avec les Ottomans, il ne manqueroit pas de s'en fervir contre la France, fuivant le témoignage public
qu'en avoient rendu les Miniftres de
la Maifon d'Autriche aux Dietes de
Nuremberg & d'Auxbourg, s'étant
vantés que d'abord que l'Empereur
auroit mis fin à la guerre de Hongrie, il porteroit fes armes du côté du
Rhin, & qu'une Trêve ne feroit par
une affez forte barriere pour l'arrêter.

M A

MAZARIN.

Ces raisons en apparence ne pa-
roissent pas mal fondées , & si ce
que le Roi Trés Chrétien avance ,
que le but de l'Empereur étoit de
conclure la paix du côté de la Hongrie, pourtourner ses armes vers le
Rhin , est veritable , vôtre Sainteté
ne doit pas trouver étrange que ce
Monarque s'assura de ce côté-là en
prenant le devant. La bonne politique nous enseigne de prevenir les
maux qui nous menacent, & de chercher la ruine de nos ennemis , avant
qu'ils soient en état de nous accabler
par une irruption imprevûë & inopi-
pinée.

INNOCENT XI.

Ciò e * menzogna, Signore Mazarino, il n'est pas vrai, que l'Empereur
songea à faire la paix avec le Turc,
ce n'a jamais été son intention , &
moi même qui vous parle , je l'ai
toûjours porté à continuer la guerre
de ce côté là , dans l'esperance que
s'il plaisoit à Dieu de benir les armes
des Chrétiens dans la suite , comme
il avoit fait dans les commencemens,
nos braves Allemans iroient *la spada*
in.

* *Fausseté.*

in mano, le fabre à la main, arborer la croix de Jefus Chrift fur Ste. Sophie. Toute la Chrêtienté eft témoin, que j'ai même épuifé les Trefors de l'Eglife pour cela, dans l'aprehenfion que j'avois, que les finances venant à manquer à Leopold, ce fage Empereur ne fe vit enfin forcé de conclure la paix. D'ailleurs, quand il feroit même vrai, que l'Empereur avoit envie de finir la guerre de Hongrie, ce qui eft faux, il ne s'enfuit pas de là, que fon but fut de tourner fes armes, contre le fils aîné de l'Eglife; je ne vois pas de qu'elle maniere il auroit pû s'y prendre, après s'être épuifé d'hommes & d'argent, avoir perdu fes meilleurs généraux & fes meilleures Troupes; il n'y avoit pas de l'aparence, dis-je, que dans cet état, il vint attaquer le Roi T. C. qui avoit des puiffantes, & nombreufes Armées fur le Rhin, compofées de Troupes fraiches; il auroit fallu en ce cas pour le moins une dixaine d'années de repos aux Imperiaux pour reprendre haleine; deforte que le Roi T. C. n'avoit rien à craindre de ce côté-la.

MA-

MAZARIN.

Suivant le raisonnement de vôtre
Sainteté, le fils ainé de l'Eglise, n'a
donc agi dans cette rencontre, que
par l'ambition & le desir insatiable de
s'agrandir, & cela par la ruine de la
Maison d'Autriche.

INNOCENT XI.

Si Signore Mazarino, nò altra cosa,
ç'a été son but ; & principalement
d'executer son dessein, avant la conclusion de la Paix du côté de Hongrie, & la ruine de son Allié l'Empereur des Turcs. C'étoit là le moyen
de bientôt soumettre à son obeissance
l'Empereur Leopold si Dieu, & les
Princes de la Chrêtienté n'étoient
accourus à son secours. Qu'elle est
la puissance dans le monde, qui eut
pû resister à deux ennemis si terribles
& si formidables ; je verse encore des
larmes quand je repasse dans mon esprit, le deplaisir mortel que je res-
sentis à l'arrivée du Courrier qui m'a-
porta la nouvelle, que le fils ainé de
l'Eglise, avoit fait marcher ses Armées vers le Palatinat, ô! *quale Bar-*
baria, ô! quale Crudeltà & quale dis-
truttione, per lo figliuolo maggiore de
la Chiesa, ô! quelle barbarie, ô!
quelle

quelle crüauté, & quels ravages, pour un Prince qui se dit le fils ainé de l'Eglise.

MAZARIN.

Je suis dans l'impatience d'aprendre, quels furent les succez des entreprises *de lo figlivolo maggiore de la Chiesa* dans le Palatinat.

INNOCENT XI.

Aprés la prise de l'importante Ville de Philisbourg, qui a été la premiere Campagne & la premiere conquête *del Signore Delphino figlivolo del Re Christianissimo*, tout le Palatinat & le haut Rhin ne furent qu'un theatre affreux de la cruauté, de l'inhumanité & de la barbarie *de li Franchezzi*, par leurs horribles ravages & leurs incendies, & depuis la naissance du monde jusques à present, je ne pense pas qu'il se soit jamais rien vû de pareil, *abhorrimento*, je fremis d'horreur quand j'y songe, & qu'il soit dit, *che lo figlivolo maggiore de la Chiesa* ait reduit en cendres des Villes florissantes & des Provinces entieres.

MAZARIN.

Mais encore, si falloit-il, *che lo Re Christianissimo* eut des grands sujets de ressentiment & de vangeance, pour
traiter

traiter l'Electeur Palatin avec tant de rigueur.

INNOCENT XI.

Niente Signore Mazarino ; quand ce pauvre Prince defolé s'en plaignit, *lo figlivolo maggiore de la Chiefa* lui fit réponfe, que ce qu'il en faifoit n'étoit que pour demander raifon des droits de fa belle-fœur Madame la Duchefse d'Orleans. N'étoit-ce pas la un beau fujet de reffentiment? pour détruire tant de beaux Edifices, & de Palais anciens qui s'étoient confervez jufques à nos jours, & qui fefoient l'admiration *di tutti li popoli della Chriftianità.*

MAZARIN.

Nò Santiffimo Padre, j'avouë que le jeu n'en valoit pas la chandelle.

INNOCENT XI.

Ma afpettato uno poco Signore; & vous verrez bien d'autres tragedies.

MAZARIN.

Come dunque, comment donc?

INNOCENT XI.

Come, le fils ainé de l'Eglife ayant en vûë, comme je l'ai déja dit à vôtre Eminence, *de arrivare alla Monarchia Univerfalle,* avoit fi bien ménagé les affaires en Angleterre *per lo mezzo*

‑ mezzo de los Padres Jesuitas, qu'il avoit mis sur le Trône vaquant, par la mort de Charles II. le Duc d'York son frere, lequel fut couronné Roi des trois Royaumes, sous le nom de Jaques II., & cet infortuné Prince s'étant mis en tête, *per delettare lo figlivolo maggiore de la Chiesa de mutare le leggi*, de changer les loix pour faire plaisir au fils aîné de l'Eglise, *è † trabboccato & caduto del Trôno*.

MAZARIN.

Per Dio,, come questo, comment cela ?

INNOCENT XI.

Come questo? da costui procede, che lo disgratiato Principe è trabboccato; Il est arrivé, dis-je, que le pauvre Prince est tombé du Trône, & un autre plus sage que lui, à pris sa place.

MAZARIN.

Si piace a vi Signoria, Santissimo Padre, aprenez-moi le detail d'une si étrange revolution.

INNOCENT XI.

Si Signore vonlontieri, j'y consents volontiers, *ma in poco di parole.* Le fils aîné de l'Eglise, voyant donc que la fortune suivoit ses pas dans

K   tou‑

‑ Par le moyen. † S'est vû de Trône.

toutes ses entreprises, tandis que d'un autre côté la pauvre Europe esclave gemissoit sous les pesantes chaines qu'il lui fesoit porter ; & que tous les Princes de la Chrétienté, ne sçachant où donner de la tête pour se mettre à couvert de sa cruelle domination, avoient enfin abandonné leurs Etats à une malheureuse destinée, qui leur donnoit déja des presages assurez de leur ruine future. Ce Monarque dis-je, l'esprit rempli de ses prosperitez voulut pousser la roüe jusques au bout de la carriere, dans la confiance, que les trois Royaumes suivroient infailliblement la rapidité de ses conquêtes. Il se voyoit Maître du Rhin, de l'Allemagne & des Princes de l'Empire, par l'irruption du Turc, & enfin de presque toute la Flandre, & il ne manquoit plus à sa Monarchie Universelle que l'Angleterre, & les Provinces-Unies. Cependant ce n'étoit pas assez que de s'être rendu Maître, par ses caresses des inclinations du Roi Jaques ; il falloit encore assurer le regne de ce Prince, par une posterité qui lui fut devoüée, & qui lui donna le tems que demandoit un ouvrage

(111)

d'une fi grande importance, pour le perfectionner. Voici *uno monftro , cofa fuor di natura , venuto de lo Inferno.*

MAZARIN.

Come quefto , Santiffimo Padre, fi piace , compito voftro difcorfo ?

INNOCENT XI.

Vergogna ; j'ai honte de le dire.

MAZARIN.

Ma fi piace a vi Signoria. Mais je prie vôtre Sainteté , *compito voftro difcorfo ,* aprenez moi ce que c'eft ?

INNOCENT XI.

Vergogna , per tutti li Chriftiani , c'eft une honte, dis-je , pour tous les Chrêtiens.

MAZARIN.

Ma quefto ; mais quoi donc ?

INNNCENT XI.

Suppofto Principe de Galles , le Prince de Galles fuppofé.

MAZARIN.

Comment , le Roi Jacques à fuppofé un fils , pour le faire fucceder à la Couronne ?

INNOCENT XI.

Si Signore , à la perfuafion du Roi T. C. , & cette fupofition lui à coûté la Couronne ; & caufé la ruine de la

K 2   Re-

Religion Romaine dans les trois,
Royaumes.

MAZARIN.

Per Diavolo, voila une detestable
action. J'avoüe, que j'ai bien apris
au Roi T. C. des maximes, qui devoient contribuer à la gloire de son
regne, & à l'agrandissement de la
Monarchie Françoise; mais jamais
rien de pareil, *monstruoso per lo figli-*
volo maggiore de la chiesa, cela est
tout-à-fait indigne du fils aîné de l'E-
glise.

INNOCENT XI.

Cela est cependant arrivé *del mio*
tempo, & j'en ai apris tout le secret,
& toute l'intrigue de mon Nonce,
qui étoit pour lors à Londres, & qui
auroit infailliblement été la victime
du peuple irrité, si le Prince d'Orange par sa sage conduite ne l'eut empêché, dont je lui ai des grandes
obligations, & conserverai à jamais
la memoire d'un si grand bien fait,
parce qu'il le merite si Prince jamais
le merita.

MAZARIN.

Per Dio! est ce que le Prince d'O-
range, qui n'étoit encore qu'un en-
fant quand j'ai quitté le monde, est
de-

devenu Roi des trois Royaumes?

INNOCENT XI.

Si Signore Mazarino.

MAZARIN.

O! *Maraviglia*, qu'elle merveille; il faut avoüer que le monde est un terrible Theatre., où il se joüe bien de Tragedies , & où il arrive bien d'étrangers revolutions.

INNOCENT XI.

Senza dubbio , *Signore Mazarino*; & si vous en avez fait l'experience pendant le peu de sejour que vôtre Eminence a fait à la Cour de France, depuis vôtre depart il en est arrivé un si grand nombre d'autres , principalement pendant les 16. années de mon Pontificat, que je n'aurois jamais fait , si je voulois vous les raporter toutes les unes aprés les autres. Quoi qu'il en soit cette supposition, à si bien demasqué la France & decouvert ses ruses , qu'elle à mis toute l'Europe en conbustion , desorte que quand je suis parti de Rome tout étoit en feu & en armes,& l'on ne parloit parmi les Princes Catholiques, & Protestans que de vangeance , & de ressentiment tant ils sont en colere contre le fils aîné de l'Eglise , &

fon

fon Allié le pauvre Roi detroné, qui
ne fçachant ou donner de la tête,
s'eft enfin refugié à St. Germain, lui,
la Reine fon époufe, *& lo povero* * fi-
glivol de putana.

M A Z A R I N.
Voilà des terribles affaires.

I N N O C E N T XI.
Si Signore Mazarino, per certò cofe
grandi, qui ont allumé dans la Chrétienté une guerre, qui ne fe termine-
ra, peut-être que par le bouleverfe-
ment *della Monarchia Franchezze.*

M A Z A R I N.
Come, per la diftruttione della Mo-
narchia Franchezze?

I N N O C E N T XI.
Si Signore, per la diftruttione della
Monarchia Franchezze.

M A Z A R I N.
Come quefto? comment cela?

I N N O C E N T XI.
Parce que tous les Princes Catholiques & Proteftans ont juré de ne
point mettre les armes bas, qu'ils
n'ayent ruiné la France; & cela eft fi
vrai, qu'ils ont tous unanimement
figné une Ligue offenfive & deffenfi-
ve, avec ferment de ne point écouter

* *Lepauvrebatard.*

ter de propofitions de paix *che lo fi-glivolo maggiore de la Chiefa* n'ait ren-du à chaque Prince ce qu'il a ufurpé depuis le Traité des Pirennées, que vous conclutes à l'Ile des Phaifans avec Dom Louïs de Haro & Dom Piementel, Plenipotentiaires d'Efpa-gne.

MAZARIN.

Per Diavolo! fi quefto e vero, voila un terrible pas de retrogradation que le Roi T. C. fera obligé de faire?

INNOCENT XI.

Puifque ce Monarque eft l'agref-feur, il merite qu'on ne lui faffe point de grace, & qu'on lui faffe por-ter la peine de tous les maux qu'il a fait fouffrir à la Chrêtienté pendant fon regne, *repentimento* à l'heure qu'il eft, je crois qu'il n'eft pas à s'en repentir.

MAZARIN.

Ma Santiffimo Padre, n'en fera-t-il pas de cette ligue, comme de toutes celles qui fe font faites *del mio tempo.* Je veux dire, le Roi T. C. ne trou-vera-t-il pas le fecret de defunir les Princes qui la compofent?

No Signore Mazarino. Il ne s'eft
jamais

jamais vû d'union femblable à celle-
ci, & moi qui vous parle, avant que
de quitter le monde, j'ai exhorté
tous les Princes Catholiques de de-
meurer infeparablement unis avec les
Princes Proteftans, en fe moquant
des bruits *che lo figlivolo maggiore de la
Chiefa*, affectoit de repandre dans
toutes les Cours; favoir que la guerre prefente étoit une guerre de Religion. Tant que j'ai été à Rome, cet
artifice ne lui a fervi de rien, par le
foin que j'ai pris à détromper les
Princes Catholiques, & principalement l'Empereur, qui a toûjours à
fes oreilles une troupe *de los Padres
Jefuitas*, Emiffaires de la France.
Si piacce à Dio „ j'efpere que mon fuc-
ceffeur fera animé du mêm zele que
moi, pour le repos *de tutti li Chriftiani, & de tutta la Chriftianità?*

M A Z A R I N.

Mais s'il m'eft permis de dire
mon fentiment à cœur ouvert, n'auroit-il pas mieux vallu à vôtre Sainteté d'avoir employé tous fes foins
pour reconcilier le fils aîné de l'Eglife avec les autres Princes Chrétiens, à
l'exemple de Clement VIII. qui porta enfin par fa mediation Henri IV.
& Philippe II. à mettre les armes bas
par

par la Paix de Vervin, concluë en
l'année 1598. Ce sage Pontifice s'ac-
quit par là une gloire immortelle, &
fit tant par le moyen du Cardinal de
Florence Alexandre de Medecis son
Legat, qu'il députa à la Coür de
Henri IV, de même que par le
moyen du Reverend Pere Frere Bo-
naventure Calatagironne, General de
l'Ordre de St. François, qui eut la
gloire de persuader le Prince Albert,
Cardinal & Archiduc d'Autriche,
neveu de Philippe II., qu'enfin il
donna la Paix à la Chrétienté. Une
pareille conduite est, s'il me semble,
bien plus convenable au Pere commun des Chrêtiens, que celle qu'à
tenu vôtre Sainteté.

INNOCENT XI.

Nô Signore Mazarino, je l'ai dit
& je le repête encore, les affaires
étoient à un point, que si Dieu ne
m'avoit donné assez de force pour
pouvoir contrarier le Fils aîné de
l'Eglise, & lui faire tête, tous les
autres Princes Chrêtiens étoient per-
dus sans resource. La Maison d'Autriche n'en pouvoit plus, & la liberté des autres Princes étoient pour
ainsi dire agonisante, & faisoit ses

K 5　　　der-

derniers efforts ; de sorte qu'à moins
d'un prompt secours, & d'une revolution aussi miraculeuse que celle qui
vient d'arriver en Angleterre , par
l'élevation du Prince d'Orange sur le
Thrône , il étoit impossible de les
pouvoir sauver ; & qui pis est, c'est
que l'esclavage de ceux-ci auroit été
suivi inmancablement de celui de
tous les Princes Ultramontains, &
nôtre pauvre Italie n'auroit pas été
moins asservie à la domination Françoise , que les autres Etats de l'Europe. Cela étant ainsi , je considere
l'union qui regne aujourd'hui entre
les Princes Catholiques & les Protestans , comme un ouvrage pure-
ment de Dieu ; & ce qui me confir-
me d'autant plus dans cette opinion ,
c'est que tous les artifices dont la
France s'est servi jusques à present,
pour la rompre , n'ont contribué
qu'à la rendre plus étroite & plus inviolable.

M A Z A R I N.

Vôtre Sainteté est donc dans l'o-
pinion , que cette union regnera jusques à la fin de la guerre, & que le
Fils aîné de l'Eglise sera enfin contraint de succomber , & de rendre à
chacun ce qui lui apartient.   IN-

INNOCENT XI.

Je n'en doute nullement, & qui plus est, j'en suis si bien persuadé que le Roi T. C. faisoit déja des ofres de Paix trés-avantageuses avant mon départ du monde. Je sçai ce que le Cardinal d'Estrée m'a dit de bouche là-dessus de la part du Roi son Maître ; mais comme je ne voyois encore que des foibles aparances selon le monde, de pouvoir renger ce fier Monarque à la raison, parce qu'effectivement ses armes ont remporté des grands avantages dans les premieres campagnes, je me persuadois qu'il n'y auroit que la longueur de la guerre, & la perseverance des Princes de la ligue, qui lui dussent faire tomber les armes de la main, ce qui arrivera infailliblement si l'on suit mes conseils, & que l'on n'écoute point de propositions de Paix que la France ne soit aux abois, & qu'elle ne soit ruinée par elle-même.

MAZARIN.

Si cela est ainsi la guerre durera long-tems selon toutes les apparences ; & si nous devons raisonner des choses à venir, par ce qui s'est passé de mon tems, l'experience nous a

fait

fait voir que la France a toûjours triomphé de ſes ennemis malgré leur nombre & leur opiniatreté. Un Monarque auſſi abſolu dans ſes Etats, que l'eſt le Roi T. C., qui a des armées nombreuſes, des habilles Generaux pour les commander, & des ſages Miniſtres dans le cabinet, ſe tirera toûjours d'affaires.

INNOCENT XI.

Cela va le mieux du monde, *Signore Mazarino* ; mais comptez que *lo figlivolo maggiore de la Chieſa*, n'a plus des Mazarins pour premiers Miniſtres, qu'il a perdu d'ailleurs Jean Baptiſte Colbert, cet habille fourgeron, qui avoit toûjours en main le ſecret de remplir ſes coffres, & de tirer de l'argent des bources vuides du peuple par des inventions diaboliques. Outre ce grand Maltotier, le Roi T. C. a encore perdu depuis peu le Marquis de Louvois, ſon bras droit, & ne lui reſte à preſent pour le cabinet que des Miniſtres ſans experience. Les affaires de la guerre ne ſont pas non plus dans le meilleur état du monde ; les Turennes & les Condés ne vivent plus, & la mort de ces grands Capitaines

doit

doit faire verſer aujourd'hui des larmes à la France, qui ne tariront jamais; il eſt vrai qu'il ſemble que le
Roi T. C. ne les regrette pas beaucoup, pourvû qu'il plaiſe à Dieu de
lui vouloir conſerver le Maréchal
de Luxembourg, en qui il met à preſent ſes plus grandes eſperances; de
ſorte que l'on peut dire qu'il n'y a
plus que trois têtes qui regnent aujourd'hui en France, toutefois bien
differentes en merite, de celles qui
ont manié les affaires de vôtre tems,
ou depuis la mort de Colbert & de
Louvois.

INNOCENT XI.

Quelles ſont donc ces trois têtes?

MAZARIN.

Ces trois têtes ſont une femme &
un Jeſuite, pour le cabinet, je veux
dire la Marquiſe de Maintenon, &
le R. P. la Chaize, n'eſt-ce pas là un
beau conſeil? Pour la Guerre, il ne
reſte plus que le Duc de Luxembourg; ainſi voilà les trois colomnes
ſur leſquelles toute la Monarchie
Françoiſe ſe repoſe aujourd'hui; que
vôtre Eminence juge aprés cela des
ſuites, & des évenemens qui arrive-
ront, ſi un tel gouvernement conti-
nuë.

nuë. Pour moi je fuis de l'opinion,
que fi le fils aîné de l'Eglife ne fe defait pas promptement de ces oifeaux
de mauvaife augure , il n'a qu'à
compter dés aujourd'hui fur la ruine
Inévitable de fa Monarchie, les contre-tems qui viennent d'arriver lui en
donnent des prefages affurez ; je
l'ai dit & je le repête encore , ce Monarque eft un grand Prince , & peut-
être le plus grand que la Monarchie
Françoife nous ait encore donné ,
mais le malheur veut qu'il ne fauroit
faire un pas qu'il ne prenne ces detef-
tables Sirennes , qui par leur chant
melodieux lui infpirent aujourd'hui
tout le mal qu'il fait à l'Europe Chrêtienne. La Maintenon & le Pere la
Chaize forment les refolutions dans
le cabinet , & le Maréchal de Luxembourg les execute , la torche ardente d'une main , & l'épée nuë de
l'autre. Cela étant ainfi , je ne trouve
point étrange que la moitié de l'Europe foit reduite en cendres , & que
l'on ne trouve dans tous les Etats
voifins de la France que des trifles
monumens de crüauté , de barbarie
& de defolation , *plangimento* ; je
paffe fous filence la deplorable de-
fcription

fcription d'un nombre infini de
maux, qui me font horreur, & qui
font les funeftes fuites d'une guerre
la plus injufte qui fe foit jamais faite.

MAZARIN.

C'eft un pauvre confeil que celui
des femmes & des Jefuites, & fi la
France eft à prefent gouvernée, par
de tels efprits j'avoüe quelle eft bien
mal gouvernée. Je n'ai pas oublié
les peines qu'elles m'ont donné dans
le tems de mon Miniftere, auffi bien
que les *Reverendiffimi Patres*, que
j'ai toûjours taché de bannir du fecret de Cours, parce qu'effectivement ils font plus propres à gâter
tout, qu'à donner des bons avis;
quoiqu'il en foit, nous n'avons jamais été bon amis enfemble quand
j'étois encore au monde; & même
prefentement lorfque je me prome-
ne dans ces plaines Infernalles, &
que je rencontre quelqu'un de ces
bonets triangulaires, je les évite autant qu'il m'eft poffible. Quand au
Maréchal de Luxembourg je n'ai ni
bien, ni mal à dire de lui, je l'ai
connu au monde encore bien jeune,
& tout ce que j'ai jamais apris de lui,
ce n'eft que de la bouche du Prince
de

de Condé , fous lequel il faifoit fon premier aprentiffage dans le métier de la
guerre ; il eft vrai qu'il donnoit déja dans
fa jeuneffe des grandes efperances , mais
auffi comme il étoit extremement liber-
tin & enclin à la debauche , cela me faifoit juger , qu'il ne feroit jamais qu'un
imprudent & emporté Capitaine , plus
propre à faire du mal que du bien. Cependant ces fortes de genies ne font pas
tout à fait à rejetter dans l'Art Militai-
re , & fi j'en dois croire le raport d'un
grand nombre d'Officiers François
morts à la Bataille de Fleurus , & que je
rencontrai dans ces plaines comme ils
fortoient de la Barque du vieux Caron,
j'avouë qu'il eft devenu un grand Capitaine , & que la conduite qu'il tint dans
cette action , ne doit rien à l'experience
confommée ni à la fage conduite des Turennes & des Condés fes premiers maîtres ; il a même cela de particulier , ajoû-
toient ces infortunées ames , que rien
n'eft capable d'ébranler fon intrepidité,
& que l'on le voit l'épée à la main courir
dans le champ de Mars , & s'expofer aux
plus grands perils , comme le dernier
de fes Soldats.

INNOCENT XI.

J'entends une voix qui m'appelle; ainfi
il faut nous feparer. A Dios Signore Mazarino , Dio ti guar

R

www.ingramcontent.com/pod-product-compliance
Lightning Source LLC
Chambersburg PA
CBHW061019280326
41935CB00009B/1027